実践

ダイバーシティ こおりやまと私

微力は無力じゃない

阿部のり子

もくじ

はじめに——自己紹介　8

第1章　私と郡山……11

法務deランチ　11
郡山ってこんな街　14
大きな揺れに襲われて——東日本大震災　17
放射能の不安に対応する　21
相談コールセンターへの市民の不安の声　22

第2章　庁外とのつながり……25

こおりやま女性ネットワーク＊hana の会　25
あこがれの上野千鶴子氏講演会を実現　28

ロールモデルになる人と出会う 30
縁の下の力持ち・佐藤裕美 31
任意の活動なのに上下関係が 35
寝耳に水の解散提案 38
新生hanaの会へ 40

第3章 人権への思い……43
法務担当になって気付いた辛い思いをする人の立場 43
性による服装の強制で苦しむということ 45
男女共同参画プラン策定の担当に 47

第4章 ダイバーシティこおりやまの立ち上げ……51
目から鱗が落ちたダイバーシティナイト 51
hanaの会のつながりに助けられて 55
「シビックプライド」の輪を広げて
・一般社団法人グロウイングクラウド 代表理事 三部香奈 57

「ダイバーシティナイト in 郡山」は大成功　61
ダイバーシティこおりやまと私・助産師　池田有希　64
信頼と応援と　69

第5章　ダイバーシティこおりやまの多様な活動……73

出前講座と一本の電話　73
ある女性からの電話を受けて　76
大成功のダイバーシティ講演会&レインボーフェスタ　78
「知る」ことの大切さ　86
ダイバーシティこおりやまとの出会い
・株式会社薫化舎　代表取締役社長　今泉祥子　88
新たな出会いからラジオに出演　92
ボクが感銘を受けた言葉・芳賀裕希　トランスセクシャル　93
人との出会いは街中にある　97
誹謗中傷をそのままにしない　102
自分らしく生きること・佐藤　優　104

協賛金を募って上映会準備に奔走　113
失敗だけど、失敗じゃない　119
イベント出展でファミリー層にアピール　123
当事者とアライの居場所「にじいろサロン」　127
ダイバーシティこおりやまとの出会い・伊藤昭子　127

第6章　つながりを活かしフードパントリーをはじめる

つながりを活かしフードパントリーをはじめる……133
私にできることとは？　133
継続することの大切さ・まちなか広場 Perch 代表　岡部睦子　136
小さな一歩が、大きな一歩に　142
リビング新聞とダイバーシティこおりやま・福島リビング新聞編集長　鈴木朱美　145
つながる、広がる支援の輪　149
地域貢献への〝解〟探し・桜の聖母短期大学教授　三瓶　千香子　150
やってよかった初の食支援と、見えてきた課題　155
トラブルも経験　161
信頼して相談できる機関の必要性　164

フードドライブの継続に向けて　166
子どもたちが希望を持てるように・開成山大神宮　事務長　宮本　みゆき　171
第7章　チャリティーへの参加――吹き込む新風……177
消すことのできない「なぜ命を……」の問い　177
「チャリティパーティ」の対象商品に　180
小さな活動が化学反応しながら　184
おわりに――誰もが生きやすい社会へ　189
＊カバー・装幀／アベル社

はじめに——自己紹介

私は、福島県の真ん中にある郡山市在住の地方公務員、阿部のり子と申します。今は、政策開発部政策統計課で統計調査推進担当をしています。郡山市生まれ郡山市育ちですが、幼稚園から中学校までを母体がカナダのカトリック系私立学校で学び、高校一年生の夏には、カナダのバンクーバー郊外にホームステイをしていたため、ものの考え方が、少し欧米的なところがあると自覚しています。言い方を変えれば、同調圧力の強い日本社会に、息苦しさを感じてきたともいえるかもしれません。

学んだ、といっても勉強は嫌いで、学校をよくサボっていた記憶があります。私の母の教育方針には面白いところがあって、学校をサボりたいときに、体調不良を偽るのではなく、学校をサボって自分は何をするのか、そのメリットとデメリットをプレゼンして、母を納得させれば休んでもよいというものでした。今思うと、合理的な考え方や自分の考えを言語化して説明する力などは、こうした経験で培われたのではないかなと思っています。そして、嫌なことから逃げるための嘘をつかせないようにしてくれた母の考え方に感謝しています。

そんなわけで人より学校の欠席が多めであった私ですが、高校は県内でも有数の進学校「福島県立安積女子高校（現「福島県立安積黎明高校」）」を卒業し、大学は、第一希望ではありませんでしたが、お隣新潟県の国立大学「新潟大学法学部」に進学しました。新潟は、冬がとても厳しいですが、その分人が温かく、人生の友に出会うことができた、私にとって大切な街です。大学卒業後は、新潟県内の民間企業で働いていましたが、二五歳のときに地元に戻り、翌年から郡山市役所で地方公務員として働いています。

入庁一年目に結婚し、二年目には出産した私の公務員人生は、仕事と家庭生活の両立とともに歩んできました。今から四半世紀前の「子育て支援」といった言葉も使われていない時代で、子育てと仕事の両立は楽なものではありませんでした。当時の上司はご自分にも厳しい分、部下にも厳しかったですし、私自身も仕事を中途半端にしたくないと思っていたので、なおさら、いろんなことがありました。

けれど、大らかな時代でもありました。保健所勤務時代には、上司の許可を得て子連れで残業し、私が議会の答弁書案を書いている間に、小児科医だった保健所長が娘の遊び相手になってくれたこともありました。残業もあり大変だったはずなのですが、今となってみれば仕事と家庭生活の両立も楽しかったことばかりが思い出されます。

今は、娘も独立し、夫と二人の生活となり、地方公務員として働く傍らで、いくつかの市民活動をしています。公務員生活も二八年目を迎え、公共の仕事でできないことも市民活動を通して実現することで、充実した日々を過ごすことができています。

本書では、仕事を通して知った課題をプライベートの活動の中で、私がどのように昇華したのか、そして、市民活動を通して出会った人々とのつながりがどのように活かされたのかをご紹介できればと考えています。

また、ともに活動する仲間や様々な繫がりで活動を支えてくれる方が、それぞれの想いをメッセージとして寄せてくれました。皆さんの「ダイバーシティこおりやまと私」とともにお伝えしたいと思います。

第1章　私と郡山

法務deランチ

公務員生活が家庭生活との両立であった私は、様々な学びもほとんどが自学によるものでした。それでも、業務を通して、法務に強いと言われるようになっていた私は、二〇一四（平成二六）年に法務部門に配属されました。ここでは、私にとって、様々なターニングポイントがあります。その一つが、「法務deランチ」の主宰を始めたことです。

私が法務部門に配属された頃は、新市長が誕生し、政策法務に力を入れようと各部に政策法務担当職員を配置したり、法務研修の開催をするなど様々な取り組みを始めていました。

私は、自身の人脈を活かして、関東学院大学法学部教授の出石稔氏（元神奈川県横須賀市役所職員）や上智大学法学部教授の北村喜宣氏などを講師に招いて、政策法務研修を開催していました。講義やグループ演習など多様なメニューで、参加者の評価も上々でした。

しかし、その一方で、研修に参加したくても参加できないという声を聴くことがありました。その多くは、窓口職場で受講の時間がとれない女性や研修に立候補できない若手で、私自身が自学に拠らざるをえなかったことと重なり、何か良い方法はないかと考えました。そして、業務以外でも気軽に学ぶ場があったらいいなと思いつき、お昼休みにお弁当を食べながら法務を気軽に学ぶ「法務deランチ」を始めることにしました。

当時は、元弁護士で法曹有資格者の職員がいたので、講師を頼み、身近な事例の相談を持ち寄る形で開催しました。Facebookで開催告知をしたところ、品川萬里市長が「お祝いに行きます」とお弁当を持参して参加してくださったことで、初回から一〇名ほどの参加があり、その後も議会開催月を除く毎月、開催していました。お弁当を食べながら、気軽に法務について学ぶことで、庁内のナナメの関係も生まれ、多い時には二〇名以上の参加がありました。また、他の自治体に「法務deランチ」の出前講座をしたこともあり、その後、その自治体で活動が継続しているところもあります。

さらには、神奈川県で古くから活動している「かながわ政策法務研究会」有志の皆さんと

かながわ政策法務研究会の有志を招いて開催した「法務 de サタデー」

交流しながら法務を学ぶ「法務deサタデー」なども開催しました。
二〇二〇年からは、コロナ禍となり、リアル開催ができず、数か月に一度、法務deオンラインとしてZoomで開催しています。ちなみに、この活動は、二〇一八（平成三〇）年に早稲田大学のマニフェスト大賞優秀コミュニケーション賞を受賞しています。また、二〇二三（令和五）年四月には、より多くの方に気軽に法務を学んでほしいと考え、弁護士三人と共著で、書籍上で法務deランチを再現するイメージで『いまさら聞けない！　自治体係長の法知識』（学陽書房）として本を出版し、一区切りとしました。

郡山ってこんな街

郡山市は人口約三二万人、福島県の中央に位置し、県内の交通の要衝であることに加えて、首都圏からも東北新幹線で約八〇分という程よいアクセスを誇る、東北地方で仙台市（宮城県）、いわき市（福島県）に次いで第三位の人口規模を誇る、中核市です。

もとは小さな宿場町で、明治維新後、安積開拓と安積疏水の開さくという郡山商人の挑戦により発展をとげているため、「フロンティア精神の街」といわれることもあります。商人の街は、市民性にも特徴があります。飲食業を経営する方々にとって、郡山市は、全国展開の登竜門的な地だと聞いたことがあります。商いにシビアな郡山市でうまくいけば、どこの街にいっても大丈夫ということなのだそうです。

実際、全国展開しているような大手チェーン店でさえ、なくなってしまうこともあり、まんざら嘘ではないかもしれません。

ちなみに、この安積開拓と安積疏水の開さくは、郡山商人が立ち上げた「開成社」が中心となって、国営開拓事業第一号として採択され、今の郡山の礎となっています。そうした歴史の郡山ですから、民間のパワーが他市に比べて充実しているように感じます。

例えば医療分野ですが、国立病院の再編で国から経営移譲を受け郡山市が病院を開設するまでは、郡山市内の病院は、すべて民間でした。現在も二次救急・三次救急は、民間病院が担っており、これは、県内でもとても珍しい状況です。

また、郡山には昔から、パワフルで行動力がある女性がたくさんいたようです。現在、郡山市には、郡山市男女共同参画センター（通称「さんかくプラザ」）という施設がありますが、その前身は、「働く婦人の家」という施設です。この施設は、昭和三〇年代～四〇年代に郡山の女性たちが、多方面に設置のための寄付を呼びかけ、行政への設置要望を続けたことで、完成し、開設に至ったそうです。

さらに、その活動の前にも、郡山の女性たちが活動してきたことがわかるエピソードがあります。

遡ること、一八九七（明治三〇）年、郡山市中心部に、善導寺というお寺があるのですが、そこに「安積婦人協会」という組織が設置されました。当時の富国強兵政策、そして日清戦争へと続く中で、女性たちの戦争への協力といったかたちで、全国で次々と婦人会が設立されていた時期のことで、とても熱心に活動をしていたようです。

「安積婦人協会」は、一九〇六（明治三九）年には、名称を「郡山婦人会」に変更し、出征軍人の家族の慰問や商家などに住み込みで働く女性への教育など、様々な婦人活動を積み重ねていたそうです。戊辰戦争で朝敵とされた会津藩がある福島県内は、奥羽越列藩同盟に加盟していた地域ですから、維新後の戦争協力は、汚名を返上する機会になったのかもしれません。

また、同じく明治後期には、一家の働き手の主力であった男性が戦争に出征することで、残された家族の生活は、困窮し、女性が製糸工場勤務や行商をして生計をたてることが増えていたそうです。そして女性が働きに出ることで、日中、子どもの養育をする場が必要となり、県内各地で幼児のための保育所の開設が進みました。

そうした流れの中で、一九二六（大正一五）年八月には、「郡山婦人会」は、三〇周年記念事業の一つとして、麓山公園内の市の施設「積翠館」を借り受け、働く女性のために、その幼児、児童の保護や育成を目的として、常設の「郡山婦人会幼児保育所」を開所しました。開所当時の入所児童は八八名と、多くの女性を支える保育所だったことがうかがえます。

さらに、一九二八（昭和三）年には、郡山婦人会の会員や市内篤志者から多額の寄付を受け、この保育所を市内堂前町に新築移転し、同時に、幼児保育所の階上に「郡山婦人会館」を設け、保育、家事、修養等の講話を通して、女性教育に力を注いでいました。この郡山婦人会館が、近代における郡山で初めての女性のための生涯教育施設であり、その後の昭和における婦人活動の礎となっていると考えられます。

敗戦を経て、日本の女性の地位や権利は劇的に向上しました。そして、平成には、男女共同参画、女性活躍が叫ばれるようになり、時代は令和となって、女性教育や活動も新たなフェーズを迎えていますが、今もなお郡山の女性たちには、フロンティア精神が受け継がれているのです。

大きな揺れに襲われて――東日本大震災

福島を語るうえで、外せないのが、東日本大震災と原子力災害となってしまったことは、とても悲しい現実です。

二〇一一年三月一一日午後二時四六分、突然、大きな揺れに襲われました。私は、監査委員事務局の職員として、当時の上司と打合せをしている真っ最中のことでした。事務局職員の携帯電話の警告音が一斉に鳴るや否や、大きな縦揺れがありました。事務局内は、高いロッカーが立ち並んでおり、倒れてくる恐れがありましたので、私はすぐに廊下に飛び出しました。

そして、時計を見て、娘がちょうどスクールバスに乗った時間であることを確認し、きっと学校に行けば娘に会えるだろうと、地震の最中に一瞬ホッとしたことを今でも覚えています。

しかし、監査委員事務局は八階建ての建物の五階にあったため、揺れはとても大きく、何もつかまるところのない廊下では立っていることすらできず、なんとかドアノブにつかまって、悲鳴を上げながら、まるでブランコに揺られるように東西に体を揺さぶられていました。上司が壁をつたいながら助けに来てくれましたが、男性でさえ、立っていられない揺れの大きさに、今まで経験をしたことのないような大災害であることを感じていました。

本震後、管理職以外は、一旦解散となり、私は、まっすぐ娘の通う中学校に向かいました。夫に電話をしましたが繋がらず、「学校に迎えにいく」とメールして、車を走らせました。学校へ着くと、スクールバスは学校に戻って全員が広場に集まっており、娘の名前を呼ぶと、娘が泣きながら駆け寄ってきました。空が突然、暗くなり吹雪始め、天変地異とはこのことだろうか？　と漠然と思いながら、娘を抱きしめて空を見ていました。

娘の気持ちが落ち着くのを待って、すぐに近くのコンビニエンスストアに立ち寄り、水と食料を購入し、実家に向かいました。本震後しばらくは、携帯電話がつながらず、母の無事を確認するには行くしかなかったためです。そして、母と娘を連れて、災害対策本部が置かれた開成山公園内の避難所に身を寄せました。避難所は、足を伸ばすスペースもないほど、既に大勢の人が集まっていましたが、なんとか、母と娘が座れるスペースを探して、私は、自主的に避難所運営の手伝いを始めました。テレビで流れる津波の映像を横目に見て、現実とは信じたくないような思いを抱えながら、各地域の避難所から届く物資の依頼などを本部員に取り次ぎ、眠れない一夜を過ごしました。

夜になって、やっと夫からメールの返信があり、互いの無事を確認することができました。自宅に帰ることができたのは、地震から丸一日経ってからのことでした。家の中は、床が見えないほど家具や家電などが倒れ、食器や花瓶の破片が散乱していました。娘と母を避難所に残してきて良かったと思いつつ、徹夜明けの疲れを引きずりながら黙々と夫と二人で、ゴミと化した食器類を片付け、家具を戻しました。なんとか、一日で片付けを終えると、さらなる地震に備え、玄関から一番近い部屋に布団を敷き、眠る場所を確保し、母と娘を迎えにいきました。

我が家は電気がすぐに復旧したのと、プロパンガスであったことが幸いし、すぐに自宅で生活できるようになりましたが、夫は夜八時頃まで仕事をして、帰宅してもまたその深夜に出勤しなければならないような状況が続き、私も日中は連日、避難所勤務に追われ、家庭内がワンオペであったため、実は、記憶が定かでない部分があります。

郡山市の最大震度は六弱で、市の本庁舎は一部倒壊して使用不能となるなど被害も大きく、市内の広い地域で断水しました。我が家も数日間は水が出なかったため、避難所勤務が終わったら、給水車の行列に並ぶという日々を過ごしていました。コンビニエンスストアの商品棚は空になり、看板も消灯し、街は真っ暗でした。

　地震直後は、地震のことしか頭にありませんでしたが、その翌日には、福島第一原子力発電所の水素爆発が起こります。そのため、本震の翌日から、郡山市内には続々と原発周辺地域の住民が避難してくるようになっていました。総合体育館が、放射性物質のスクリーニング会場となりましたが、情報の錯そうか、混乱なのかはわかりませんが、各地域に市が開設した避難所には、市民と市外からの避難者とが混在していました。

　また、地震直後から食料の調達にはとても苦労しました。仕事が終わる頃にはスーパーには商品が残っておらず、コンビニエンスストアも終日閉店となっており、食料品の流通量が不足しているようでした。幸い、当時の同僚が農家の方だったので、お米を譲っていただき、たまたま保存していたアルカリイオン水でご飯を炊いて、家にあるわずかな食材で数日を過ごしていました。

　心配してくれた遠方の友人や親せきがすぐに食料や水を送ってくれましたが、福島への物流が制限され、私の手元に届いたのは、本震から一か月後のことでした。

　さらに、ガソリンの調達も苦労しました。当時は、自分の車で職場ごとに割り当てられた避難所に向かわなければならず、自宅から遠く離れたエリアであったため、ガソリンがあっという間になくなってしまい、休みの日は、ガソリンスタンドの長蛇の列に並んでいました。そうやって給油できるのも三〇〇〇円分までと上限が決められており、食料も水もガソリンも手に入らない状況に、母がまるで戦争中のようだと話していたことが今でも忘れられません。

放射能の不安に対応する

原子力発電所は、当時の報道では、水素爆発のみで、メルトダウンまではしていないというのがおおよその見方で、連日、テレビでも原子炉の構造は多重構造だからメルトダウンの心配はないと解説していました。

しかし、正直なところ、私は疑いの目で見ていました。なぜなら、水素爆発を知ったのが、国や県による発表ではなく、地元テレビ局が爆発の瞬間をとらえたことを緊急に知らせたニュースであったからです。事前に国や県から爆発の危険性があることを知らされていなかったことは、多くの人を、何か情報が隠されているのではないかと疑心暗鬼にしたように思います。私も、「郡山市は安全です」という自分の勤務先がマニュアルに記載している情報にさえ大きな不安を抱えていました。

実際、私の母校でもある娘が通っていたカナダ系カトリックの学校では、シスターたちが母国の避難勧告に基づき、郡山を離れていきました。また、生徒も、市外、県外に母子避難する家庭がたくさんありました。さらには、郡山市内でも、放射線量の高い地域があることなどが噂されはじめ、自主避難する人々も増えていきました。

しかし、私も夫も、市役所職員で災害対応業務にあたらなければなりませんでしたから、母子避難という選択はできません。そこで、娘だけでも、県外に自主避難させようと大学時代からの親友の実家に娘を預かってもらうようお願いしました。親友の両親は娘のために新しい布団を用意して待っていてくれましたが、娘が私たちと離れたくないから郡山に残ると譲らなかったため、放射性物質を家に持ち込まないよう使い捨てのマスクやビニール製の合羽で防護しながら不安な日々を送っていました。

相談コールセンターへの市民の不安の声

そのような状況の中、震災から二か月ほど経った頃、私は、週に一度ほど、市民からの相談に応じるコールセンターの業務に従事するようになりました。

電話の多くは、放射能への不安に関するもので、特に小さなお子さんを育てるお母さんからでした。自主避難する友人を見て、「郡山に残って本当に大丈夫なのだろうか？」、「子どもや自分に健康被害の可能性はないのだろうか？」、「子どもの成長に影響はないのだろうか？」、といったハッキリした答えのない不安の数々。また、「チェルノブイリとフクシマは何が違うのか？」といった市役所の職員では答えられないようなものもありました。

電話応対マニュアルには、「郡山市は安全です」と伝え、詳しくは、福島県の相談ダイヤルの番号に案内するよう書いてありましたが、マニュアル通りに対応しても、納得する相談者はほとんどいませんでした。それどころか、「市役所は何かを隠しているんじゃないか」と攻撃的になる人も多く、攻撃的な言葉と長い時間の対応にストレスを感じましたが、同時に相談者の子どもを守りたいという気持ちも痛いほど分かりました。

そこで、私自身も同じように娘の成長に影響がないのか不安を抱えていましたので、ある時から、「私も娘がいるので、本当に成長や健康に何の影響もないのかと日々不安を感じています。だから、お母さんのお気持ちが分かります。」と「Ｉメッセージ」で対応するようにしました。そして、「けれど、私たち市役所職員は、その不安を完全に取り去るだけの十分な情報がありません。国や福島県は、郡山市のエリアは安全であると発表しています。安全だから原発周辺地域の方々の避難先にもなっています。」と説明してみました。

すると、嘘のように攻撃的になる人はいなくなりました。そして、「個人的にでもいいので、何か工夫していることはありますか？」といった質問を受けるようになりました。私は、「専門的なことは福島県の相談ダイヤルにきいてくださいね」と前置きしたうえで、私自身の自衛手段をお伝えすると、「話せてよかった。ありがとう。」と穏やかに電話を終えることが増えました。

マニュアル通りの対応で、やり場のない相談者の思いに応えられずにいるよりも、自分にできることで、相談者の不安を和らげることが少しでもできたという嬉しい思いと、私自身も自分の不安と向き合う機会にもなったと思います。あの時の経験は、今思えば、ピアカウンセリング（仲間同士の語り合い）のようなものだったかもしれません。

我が家が洗濯物をベランダに干せるようになったのは、それから一年以上経ってからのことですが、五年ほど前（二〇一八年）に市内の除染が完了し、今は、放射能を気にすることなく生活することができています。

第2章　庁外とのつながり

こおりやま女性ネットワーク＊hanaの会

震災から二年半ほど経った二〇一三年晩秋、私は、市役所の先輩女性から、女性管理職の会があるんだけど、一緒に参加してみないかと声をかけられました。その会は、その年に現職を破って郡山市長選に当選した品川萬里市長が、市役所の女性管理職と民間の女性管理職をつなぐために、立ち上げを指示したことに始まります。

当時、郡山市の行政センター所長であった女性が、市長室に呼ばれて、市内の民間企業で働く管理職女性と引き合わせたそうです。

そして、立ち上げられたのが、「こおりやま女性ネットワーク＊hana の会」です。五〇代に入った女性たち四人が「もう一花咲かせよう！」という思いで「hana の会」と名付けたそうですが、その後、どのような団体なのか分かるよう、私が「こおりやま女性ネットワーク」と付け加えました。

立ち上げの翌月、私も懇親会に呼んでもらったのは、二〇一三年一一月のことでした。娘がまだ高校生だったので、参加について夫に相談すると、子離れする時期でもあるから参加してみたらいいんじゃないかと賛成してくれました。今、振り返ってみると、この参加が、私の市民活動の原点となっています。

初めて参加したhana の会は、まだ規約などもなく、なんとなく集まってワイワイとお酒を飲んでいるだけの会でしたが、異業種の方との時間は、私にとってとても新鮮なものでした。仕事でもない、家庭でもない、第三の緩やかなつながりがとても心地よかったのです。そして、その懇親会の場で、初代の会長であった女性が、郡山市内にある磐梯熱海温泉に宿泊したことがないということで、新年会をやろうと盛り上がり、早速、幹事を引き受けることにしました。そして、私を誘ってくれた先輩が会計担当、私は総務担当を引き受けることにもなりました。

二〇一四年一月からは、会員向けの通信を会長と私の二人で作成し、会員に配信を始めました。また、月に一回の定例会については飲み会だけではなく、学びの場も欲しいと考え、翌月二月には、初めての勉強会を企画し、開催しました。

私は、当時、子育て中でもあったため、ただ懇親のためだけに毎月一回夜に外出することに、なんとなく抵抗があったことと、会員に福島中央テレビの報道局の方がいて、どこよりも早く福島第一原子力発電所の水素爆発について報道したことについてお話を伺いたいと思っていたので、ちょうどよい機会となりました。

初回の勉強会は、確か五名ほどの参加者数でしたが、水素爆発を報道したことについて圧力はなかったのか？　など率直な質問にも丁寧に答えていただき、マスコミの世界を学ぶ貴重な時間となったと記憶しています。

また、定例会を重ねるにつれ、一桁だった会員も紹介で十数名と増えてきました。当時は市長や副市長の紹介で民間企業の女性管理職の方の入会が相次いでいたのです。

そこで、女性の相互研鑽などを目的とした会であることを明らかとするため、会員規約をつくることになりました。会員からは三〇〇〇円の年会費を集めることとし、また、サポーター企業からは協賛金を集め、活動のための財政基盤も整えることとなりました。私は、総務担当として先輩女性とともに基本的な体制を整えるための事務を担当し、その基礎を作り上げたと自負しています。

当時の主な活動は、毎月一回の会員向け通信の発行と定例会の開催です。会員は、市役所内の会員と民間企業の会員から成り、通信発行や定例会の準備は、主に市役所職員が担当していました。毎月の幹事がテーマを決めて、企業の代表者を招いて講話を受けたり、パート社員から役員まで昇進した会員のライフストーリーを語ってもらうなど、様々な活動を展開していました。

一周年を迎えた際には、私が監査事務局時代に知り合った商工会議所の女性起業家大賞の受賞者、石山純江さんを招いて、講演会も開催しました。

あこがれの上野千鶴子氏講演会を実現

このように手探りで活動を広げていった「こおりやま女性ネットワーク＊hanaの会」ですが、三周年を迎えるときには、私がやりたかった企画が実現しました。

それは、憧れの上野千鶴子氏の講演会です。上野先生の本に励まされ、勇気をいただいてきた私は、いつかお会いしたいと思っていました。そして、三周年の企画検討の際に、会の皆さんに提案してみたのです。ちょうど「おひとりさまの老後」でブレイクした後だったため、他の役員の方々からも賛同をいただき、直接、上野先生が代表をしている認定ＮＰＯ法人ウィメンズアクションネットワークWANのサイトに講演の依頼をしたところ、上野先生に直接メールするように言われて、熱い熱い思いを送信したところ、快諾していただくことができました。

後から、上野先生から福島からの依頼は断らないようにしていた時だったとお聞きし、タイミングも含めて、とてもラッキーだったなと思います。

上野千鶴子氏の講演会については、企画・運営を私に一任していただきました。開催費用は団体として負担できる状況であったため、より多くの方にお話しを聞いていただきたいと参加費無料としました。

福島リビング新聞社の編集長の鈴木朱美さんがhanaの会の会員であったため、リビング郡山で開催告知に協力をいただいたおかげで、広く市内に周知することができ、当日は八〇名を超える参加者数となりました。また、会員には、福島中央テレビの事業局で様々なイベントを手掛ける藤田美香さんがいて、講師のアテンドを教えていただきました。気遣いの仕方やゲストとの距離感の取り方などは見習うことばかりで、民間企業の管理職女性からは学ぶことが多く、その後、私の活動にも大きな影響を受けています。

このように、hanaの会は、働く女性に限定したネットワークであるため、様々な分野で活躍する女性が参画しており、その力を合わせることで、仕事の片手間で開催した講演会も大成功に導くことができました。働く女性同士が連帯して助け合う場というのは、そのスキルや人脈を共有して活用できることになるため、とても意義のあることではないかと思います。

私にとっては、講演会の企画から開催準備、予約受付までを担当し、当日運営を総指揮したことは初めての経験でしたが、その後、プライベートで数々のイベントを実施する礎にすることができました。

ロールモデルになる人と出会う

hanaの会では、こんな風になりたいなと憧れる年上の女性にも出会うことができました。それまでの私は、身近にロールモデルとなる女性がいませんでした。むしろ女性管理職に否定的な気持ちを抱き、自分はあんな風にはなりたくないなとさえ思っていました。しかし、hanaの会の定例会で、こんな風になりたいなと思える女性に会うことができました。上品で利他の心があって、正義感があって、素敵な年齢の重ね方を示してくれたのです。ディーラーの健保組合で女性管理職として働く佐藤裕美さんです。

そして、私は、自分のことで精一杯になってキャリアを積み重ねる女性より、しなやかで利他の心で生きる女性に憧れるんだなと自分に内在する思いにも気付くことができ、仕事を続けることに前向きになれましたので、この出会いはとても大きなものでした。もし、あの出会いがなかったら、今の私はいなかったかもしれません。

一期一会といいますが、仕事をするにしても、社会貢献をするにしても、ひとつひとつの出会いが人生に与える影響はとても大きなものです。

縁の下の力持ち

佐藤裕美

私は、地元の自動車ディーラーの健保組合で事務長をしております。何の取り柄もない私ですが、唯一自慢できることがあります。それは、周りの方々が大物であるということです。大げさに聞こえるでしょうが学生時代の恩師は宮中歌会始選者で、会社の上司や同僚は上場企業の社長や重役となっています。また、才覚鋭く才能溢れて輝き続けている友人知人も多くおります。他力本願な自慢で恐縮なことではありますが、歳追うほどに自分でも不思議に感じているところです。

そして、その大物の一人が阿部のり子さんです。のり子さんとは「こおりやま女性ネットワーク＊hanaの会」で出会いました。

「hanaの会」は、様々な職場で働く女性がネットワークをつくり、学びや交流を通して自分の可能性を拓くとともに、〝女性が輝く街〟を目指して活動をしている団体です。お会いしてすぐにのり子さんからお誘いをいただき格安チケットを使い上京したこともありました。

その後、のり子さんが開催する「ダイバーシティナイトin郡山」を始めとする刺激に満ちた様々な企画に参加させていただいております。私は、元来ミーハー体質にもかかわらず自分では物事を構築する能力に欠けているため、魅力的な企画に参加できることがとても楽しくてなりませんでしたし、参加することで自分の中にその成果を見出しています。また、二〇二〇年からは、食料品の寄付などでも関わらせていただいていま す。市内でも大変な生活を余儀なくされている方々がいると知り、お米やお菓子などの寄付を通して、誰かのお力になれていることが、とても嬉しく思っています。

のり子さんは「hanaの会」を発展させ、「ダイバーシティこおりやま」を立ち上げるだけでなく、更にアンテナを高く掲げて、ネットワークを駆使して「フードパントリー」を開催するなど、その時に必要とされていることを実行し、良き未来へと発展させています。まさに「正義のミカタ」の姿は、圧巻です。団体の運営は、決して順風満帆には進まないと推察しますが、困難をケセラセラと乗り越え、時には逞しく、時にはしなやかに、爽快かつ頼もしい存在です。

ある日、情熱的に活動し続ける姿に「どうして?」とのり子さんの原動力を質問したことがありました。理由の一つに、ご自身が大病を克服されたことがあったようです。痛みや苦しみにくじけず更にプラスに転じさせていくのは、想像を超える過程があったことでしょう。

知的なのり子さんの発想は、「いかに可能にするか」という肯定思考に起因していると考えます。引き出しの多さだけではなく、行動力や統率力を持ち前の明るさで発揮し、さらに法学の能力も備わっているので、鬼に金棒ではないでしょうか。

ただ、老婆心ながら、その存在感は、他者から羨みや妬みのマイナスパワーを向けられないかと懸念しています。

私自身は、長年仕事を続けてきて、今になって女性の敵は女性ではなく、男性のように思えてきました。五〇歳代に突入したころから、異性からの嫉妬を感じるようになりました。「五十にして天命を知る」と言われるように、地位が確立する世代の影響でしょうか。

また、男女共同参画とうたわれつつも、男女には格差を埋めても差異は残ります。その差異が縮小する年齢だからかもしれないとも考えます。「六十にして耳順う」歳を迎えても、かつて、それなりの地位とプライドを持っていた一部の方から放たれる逆風は一向に勢力が衰えることはありません。

女性は、仕事を続けている限り、戦い続けなければならないのでしょう。

ただ、有難いことに「捨てる神あれば拾う神あり」と言われるとおり、私も、ここぞという時には長年ご縁を持ち続けてきた方々からの力強いエールとサポートをいただいております。新卒で仕えた元上司からは、OB会で「当時、あなたは突拍子もないことを言うなと正直思っていたが、今となってはそれがスタンダードになっている。あなたには先を見通すDNAが備わっているのだから、自信をもって進みなさい」と心に染み入る言葉をいただきました。現在の環境においても、困った時にはすぐに連絡をよこすようにと支えてくださる方々に見守られております。ですから、信頼には誠実を尽くし応えたいと思っています。今までの人生、大きな船に乗って甘えることができていたのだと、感謝しているところです。

これからは、安心してそれぞれの特性を生かし切磋琢磨しつつ、お互いに認め合うことができる社会となるよう願ってやみません。そして、今後の人生も一歩ずつ「縁の下の力持ち」として進み続ける、それが、今私が目指していることです。

のり子さんは、まだまだ伸び代広くバージョンアップをされていくことと思われます。もし身に覚えのないバッシングに遭遇された時には、私は少しでも彼女を励ますことができる存在でありたいと願っております。

任意の活動なのに上下関係が

私にとって、このように素敵な出会いをもたらしてくれた「こおりやま女性ネットワーク＊hanaの会」でしたが、実は、私にとっては、よいことばかりではありませんでした。プライベートの活動なのに、そこにいる参加者の職場での職制や年齢で、くっきりとした上下関係があることが大きな難点でした。

民間企業の調理室で懇親会をやったときは、多くの会員が、輪になって座って楽しそうに飲食している一方で、私は、その企業の若い女性スタッフの方とずっと天ぷらを揚げているばかりでした。先輩職員にとっては、自分が「課長だから、係長だから、年上だから座っていて当然」という思いがあったのだろうと思いますが、会費は同じく負担するのに……と釈然としない思いがありました。また、総会など大きなイベントの時は、管理職になっていない市役所会員だけが、会場の外で受付や会計業務などに従事しなければならない場面が何度もありました。

会報の作成などで厳しい指導を受けたり、企画のやり直しを求められるなどして、退会する市役所会員が後を絶ちませんでした。もちろん厳しいばかりではなかったのですが、なんとなく私も、面白そうな企画のときにだけ参加するように変化していきました。

女性活躍という言葉がトレンド入りして、女性が脚光を浴びる機会が増えていた頃だからこそかもしれませんが、まだまだ先輩女性は自分の身を立てることで精一杯のようにみえて、活動から足が遠のいたのです。

その後、とうとう私を誘ってくれた先輩職員も退会してしまいました。いつも穏やかで優しい先輩で頼りにしていたので、この時は、女性同士の繋がりの場を継続していくことの難しさを痛感しました。

市役所外の会員さんは、なぜ、市役所の人ばかりがどんどん辞めていくのか？　と疑問に思われたようですが、民間企業の会員同士は対等な関係でつながることができる一方で、市役所内の幹事や事務局には毎月の通信発行や定例会開催のための事務負担がかかるうえに、職制の上下関係もあって、難しい面があったからではないかと思います。また、民間企業の方は、会費を経費で賄っている方もいらっしゃいましたが、市役所職員はすべて自費ですから、そうしたところにも違いがあったのかもしれません。

けれど、この時の経験も無駄にはなりません。のちに私が「ダイバーシティこおりやま」という団体を立ち上げる際に生かされることとなります。

それから一年ほどして、役員に理事を創設し、また、団体の意思決定を速やかにするため事務局長を置くこととなりました。それを契機に私は事務局を卒業し、理事として役員に就任しました。事務局としての様々な事務負担がなくなったことは程良い距離感を保つことができるようになり、その後の団体の立ち上げなど、私にとって好都合であったように思います。

その後、時は過ぎ、コロナ禍となりました。多くの皆さんがcovid-19蔓延防止のため活動の中止や見直しなどを余儀なくされていたかと思いますが、hanaの会も二〇二〇年三月からはコロナ禍で定例会を中止し、主な活動は、月一回の通信発行とグループラインでの交流が主となっていました。

寝耳に水の解散提案

こおりやま女性ネットワーク＊hanaの会は、八年目に大きな転機を迎えました。初代会長や初回に集まったメンバーが定年で現役引退し、退会することに加えて、事務局を担当していた市役所会員も定年退職を迎えることとなり、後任の担い手がいないとして、事務局より役員会に解散が提案されたのです。

役員会といっても、役員会のグループラインにPDFデータを共有するという方法でしたから、それはとても衝撃的でした。hanaの会は、市役所の団体事務に倣って、予算、決算、収入・支出事務などを行っており、また、会費のほかに協賛金なども集めており事務負担が大きかったため、後任の打診をした人に断られてしまったということで、これ以上、継続不能とのことでした。

解散の提案は、寝耳に水でしたが、ガチガチに固められた文書を見て、水面下では解散ありきで進んでおり、もう反対の余地は残されていないのだろうと悟りました。

しかし、私たちの会費や協賛金が原資である残余財産が、県外の組織に寄付されるという処分案にだけ納得ができませんでした。そもそも、そうしたことは役員会で検討されるべきではないのか？　とも思い、僭越ながら……と前置きして、「使途は、せめて郡山の女性のために活用できる団体にすべき」と異論を唱えました。

私のコメントにつく既読の数が増えていくのを見守りながら待っていると、違う役員の方から、「会の存続を模索することなく、解散ありきで手続きが進むのはあまりに拙速である」という反対意見が出ました。すると、解散賛成派の役員の方から、「hana の会を立ち上げた自分たちが退会するから解散する、続けたい人は新たに立ち上げてほしい」と回答コメントがありました。

反対意見を出した方は、「初期メンバーとはいえ会の一部の人が辞めたいから解散するというものではない」と率直な意見を出されましたが、なかなか議論はかみ合うことはなく、解散の賛成・反対から、世代交代の可否が焦点となり、役員間に対立構図が生まれてしまい、役員会では、それぞれの役員は、言葉を選びながら、重い気持ちでコメントのやりとりをしていたように思います。私も解散も止む無しとした自分の意見を撤回し、解散に反対する意思を表明し、新生 hana の会として世代交代して存続する案を提案しました。

新生hanaの会へ

会費を集めている団体は、いわば株式会社のようなものではないかと私は考えています。創業者が引退した企業は、いくらでもありますし、創業者の気持ち一つで廃業できるようなものではありません。ちなみに、私が働く市役所には、会費制の主任以上の女性の会があるのですが、当然、創設メンバーは引退し、年々、世代交代しています。創設してくださったメンバーは今は八〇代になっていらっしゃるのですが、自分たちが作った会を後輩たちに引き継いでくださいました。そして継承させてくれる先輩たちがいたからこそ、今もその会は存続しています。

もっと話を広げれば、女性参政権を獲得したサフラジェットも、自分達が獲得した権利を次世代には引き継がないなんて言わなかったからこそ、女性参政権は当たり前の権利となり、地球上の女性の権利が向上しているわけです。

ですから、私にとって世代交代は、様々なものを継承し、よりよくなっていくために大切な手法だと考えていますから、この時、なぜ世代交代に否定的なのか、相手方の意見が理解できずにいました。けれど、解散を提案した方々にとっては、継承しないで一度キレイさっぱりと解散して、やりたい人たちが自分たちだけでもう一度始めればいいじゃないかと思っているわけですから、同様にこちらの思いを理解できなかったのだったと思います。

今考えてみれば、お互いがお互いの意見を理解できないのですから、話し合いがうまくいかなかったのは当然のことかもしれません。

すると、それまで沈黙を守っていた初期メンバーで市役所職員の先輩が、形式にこだわらずに新生hanaの会として存続するかどうかを会員全員に意向確認して、賛成が得られれば財産を引き継ぐこととしてはどうかという折衷案を提案してくれました。この提案で、一気に風向きが変わり、解散したいと言っていた方々も、その提案に賛成してくれました。そして、私を含む存続したいと申し出た数人で、会全体のグループラインに新生hanaの会としての存続について投げかけてみることにしました。

会全体では、幸いにも存続に否定的な意見はなく、立ち上げからこれまでの八期を第一次hanaの会として今回の総会で総括することとし、本会の存続を希望する有志により、これまでの規約等にとらわれない（新生）hanaの会へ移行すること、移行に関して世話人を選出すること、第一次hanaの会の財産は（新生）hanaの会へ引き継ぐことなどが賛成多数で可決されました。

こうした経緯を経て、にわかに解散危機に陥った「こおりやま女性ネットワーク＊hanaの会」は、無事に世代交代を果たし、今も存続しています。

新生hanaの会としてスタートするに際して、一同に会する機会を持ちたかったのですが、コロナ禍に私の骨折が重なってしまい、活動再開には、半年ほどかかってしまいました。歩み出しには時間がかかったものの、役員会では意見表明のなかった方も含めて、会員総数二八名のうち、過半数の一六名の方々に新生hanaの会にご参加いただくことができ、二〇二二（令和四）年七月には、やっと会合を開くこともできました。引継ぎ後は、様々な風当たりがある可能性があったため、しばらくは、私が代表として負担感の少ない運営体制を整えていきたいと考えています。

第3章　人権への思い

法務担当になって気付いた辛い思いをする人の立場

私には、実は何度かのターニングポイントがあります。その一つが、法務部門にいたときのことでした。東日本大震災後に原発事故に関連する裁判があり、被告側の訴訟事務担当として関わっていたのですが、法廷で原発事故により県外に避難している原告の健康被害などに関する意見陳述を聞いていると、被告側であるにもかかわらず、どうしても原告側の気持ちに寄り添う自分がいました。

ワクチンの副反応が人によって違うように、放射性物質に対する感受性も人によって異なるでしょうし、そもそも放射性物質による身体への影響だけでなく、辛さの感じ方なども人それぞれ多様ですから、どれが正しいということはないのではないかと思いました。ですから、一人ひとりが感じている心身の不調というのは紛れもなくその人にとっては事実で、それを否定する気持ちにはなれませんでした。また、体調不良を訴える人が認めてもらえなければ、同じ思いをしている人たちは言い出せなくなってしまうのではないかとも思いました。

立場上、原告の人達と接触する機会はありませんでしたが、提訴にまで至らずとも辛い思いを口に出せずにいる人はどれくらいいるのだろうと強く思うようになりました。

訴訟という性質上、仕方のないことなのですが、原告の体調不良と放射性物質を結びつける証拠はないと被告側が争う姿勢にも、消化しきれない複雑な思いを抱きました。そして、なぜ、そもそも住民のための行政が、住民と争わなければならないのだろうと自分の職務に悲しい気持ちになり、住民と争う仕事ではなく、様々な困難を抱える方々に寄り添う仕事をしたいと思うようになりました。

それまでは、病院の開院プロジェクトや医療政策、内部監査、契約の内部統制など組織の中で住民と直接かかわる機会が少ない「縁の下の力持ち」で、間接的に住民の暮らしをよくする仕事だと矜持をもって取り組んでいましたが、価値観が大きく変化した出来事でした。

性による服装の強制で苦しむということ

同じ頃、性別により割り当てられた服装に苦しむ方の存在も知りました。それは、私にとって、自分の中の性に対するバイアスに初めて向き合う契機となりました。

私の職場では、以前、男性にはジャケット、女性にはベストとタイトスカートという事務服が支給されていました。事務服が廃止された今でも、作業着は支給されており、男性と女性で色が異なります。また、それ以外でも男性はワイシャツにネクタイをつけるというのが一般的で、制服があってもなくても、性別によって仕事の服装が決められてしまうということになります。

しかし、この服装の強制は、出生時に割り当てられた性別と自認する性別が異なる方にとっては、自己を否定するようなものと感じるわけです。自分の性別と異なる服装を自らの意思に反して強制されるとしたら、皆さんはどのように感じるでしょうか。

実際、当事者さんのお話をきくと、学生時代の制服で違和を感じ、その違和を感じること自体にも苦しんできた方は少なくありません。更衣室やトイレの利用も同様です。しかしながら、性の多様性について無知であった私にとっては、身近に当事者さんがいるということすら意識しておらず、出生時に割り当てられた性別と異なる性を生きるトランスジェンダーの方といって思い浮かべるのは、テレビの中で活躍するタレントさんで、みんな明るくキラキラしているイメージしか持っていませんでした。

そこで、インターネットなどで調べてみると、学童期や思春期においてはイジメや引きこもりの原因になってしまうことも多く、また、自死に至ってしまう人もいると知りました。

もし、私自身が男性の身体で生まれてきたとしたら、自分のことは女性だと思っているのに、上半身裸でプールに入らなければならないなんて、できません。どう考えても無理です。けれど、性自認が異なる方々は、それを自覚して表現できる年齢になるまでは、その辛さを一人でずっと抱えている方が多いのです。そう思うと、このままではいけないと、何かしなくてはいけないと、居てもたってもいられないような気持ちになりました。

振り返ってみれば、私自身が性の多様性について無知であったため、娘にはフリルやリボンのついた女の子らしいお洋服を着せていました。本人が好む服ではなく、私が着せたい服を着せて、「かわいい！」と喜んでいました。娘には性別違和がなかったので大きな問題にはなりませんでしたが、もし、私のような無知な母親のもとに、性別違和に悩む子どもが生まれていたら、子どもの心を知らず知らずのうちに傷つけてしまうことになっていたのだととても怖くなり、親になる前に、正しい知識を学んでおく必要性を痛感しました。

そして、私は、この二つの出来事をきっかけに人権に関する仕事がしたいと強く思うようになりました。

男女共同参画プラン策定の担当に

その後、念願が叶って、人権担当部門である男女共同参画課に異動することができました。男女共同参画課では、法務省主催の人権啓発指導者養成講座を受講し人権問題について学ぶことができ、その幅広さを知りました。人権啓発指導者養成講座とは、全国で人権啓発に取り組む自治体職員や人権擁護委員に向けた研修で、文字通り、人権啓発の指導者を養成するためのものです。毎年、様々なプログラムが組まれて開催されています。

私が講座を受けた年は、ネットいじめの問題や犯罪被害者の人権、外国人やセクシュアルマイノリティの人権など新しいテーマも盛り込まれており、実際にゲイ当事者でＨＩＶ患者が講師とともに登壇し、心無い差別を受けても、辛い思いを口に出すこともできないというお話を直接聞くことができました。日本が決して人権の面では先進国ではなく、根深い差別があるという現状を肌で知ることができたのです。

しかしながら、私が担当として割り当てられたのは、八年に一度の「男女共同参画プラン」の改定とそのための市民意識調査等を二年がかりで実施することでした。男女共同参画社会基本法の施行により、多くの自治体が取り組んでいますが、私の勤務先である郡山市でも第二次男女共同参画プランまで策定されていました。行政の関係者の方であればご存じかと思いますが、計画ものは改定時期になると残業が増えてしまうため、ためらいもありましたが、この計画に人権政策の重要性をしっかり位置づけることで、今後の道筋を示すことができる良い機会になると意義を見出すことにしました。

そして、さらに驚く展開となりました。第二次計画までは、課の職員全員で改定作業をしていたものを私一人で担当するようにとの指示があったのです。

前回の策定時の残業時間をみると、課全体で一〇〇〇時間ほどで、これを一人でできるのだろうかと少し不安もありましたが、上司の指示に「できません」とは言えませんでした。そして、自分なりの方法で、残業時間を削減し、質の高い計画を作ろうと決意しました。

郡山市では、男女共同参画プランを策定する前の年に世代や性別が偏らないように無作為抽出した市民意識調査を実施し、さらに直接、声をお聞きするための市民意見交換会を開催しています。さらに、素案を作成したら、通常の倍の回数の男女共同参画審議会での審議を経て、計画案の確定までを行います。そして、最終案を市長の決裁を受け、パブリックコメントで広く市民の意見をお聞きするという工程で策定します。

そのうえ国や県の最新の計画も参考としなければならないうえに、ワーキンググループを設置して庁内各課との調整も必要で、異動したばかりの私にとっては確認しなければならない情報が山ほどあり、プラン策定の作業量はかなり膨大でした。これに加えて、案を審議していただくための審議会と庁内検討会の開催や運営までを担当し、さらに印刷物の発注まで一人で担当したことを話すと、多くの関係者の方に驚かれることも多いです。

実際に、市民意識調査の回答結果集計のために任用した臨時職員の方に集計やグラフ作成をしていただいたほかは、すべて一人で最後まで担当しました。

ひとつ悔やまれるとすれば、性の多様性について知識を広める機会の拡充を具体的に盛り込もうとしましたが、それが叶わず消極的な記載になってしまった点です。まだ社会の理解が進んでいないから対策を講ずる時期ではないとの意見があり、私の力量不足でそこを説得することができず、とても残念に感じています。

しかしながら、二か年にわたるプラン改定作業が大変だった分、その後八年間の指針を一人で作り上げたという達成感はとても大きなものでした。そして、決意した通り、残業時間は、前回策定時と比べて八割も削減することもできました。策定途中では、一人で残業することも多く大変な思いをすることもありましたが、すべてを一人で担当することで、表現方法にも一貫性が生まれ、かつ、全体をくまなく理解しているので、審議会での質疑応答も順調に進み、修正が生じたときも関連して修正すべき箇所などが頭に入っているので、効率的に作業を進めることができました。

また、郡山の女性の歴史をコラムで盛り込むというアイディアも実現することができ、振り返ってみても担当する仕事は幅広く、量も膨大で負担感はありましたが、一人ゆえのメリットも大きかったと思います。

さらには、策定に先立って開催した市民意見交換会では、新たな出会いなどもあり、とても貴重な経験をしたと思います。

少し話しは変わりますが、本書をお読みいただいている皆さんはご自分が住んでいる街の「男女共同参画プラン」にはどのように関わっていらっしゃるでしょうか？　パブリックコメントでの意見提出や意見交換会への参加など是非積極的に関与して、皆さんの街を皆さんにとってさらに暮らしやすい街にするきっかけにしていただけたら嬉しいです。

第4章　ダイバーシティこおりやまの立ち上げ

目から鱗が落ちたダイバーシティナイト

男女共同参画課着任時に人権担当を希望したものの前述のとおり男女共同参画プランの担当となり、二年間は人権政策を担当できないことが確定してしまいました。また、当時の組織はまだ性の多様性に関する事業展開について消極的であったため、翌年度の予算案が決まる晩秋には、組織として、性の多様性についてアクションを起こすための予算要求ができず、具体的な取り組みをすることが難しいと感じ始めていました。そして私は、自分ひとりでもできることは何かないだろうかと思うようになっていました。性の多様性に悩む人がいると知った以上、知らないふりはできないと思ったのです。

ちょうどその頃、前川直哉さん（一般社団法人ふくしま学びのネットワーク理事・事務局長／福島大学准教授）が共同代表をしている「ダイバーシティふくしま」が主宰しているダイバーシティナイトの開催をFacebookで知り、勉強に行ってみようと思いました。平日の夜で、かつ、私が住む郡山市から五〇キロほど離れた場所での開催だったので、家族に相談して、夫と娘三人で福島市に行くことにしました。

二人がショッピングをして待っていてくれている間に、私は勉強会に参加するという首尾です。なぜ一人で行かなかったのかというと、当時は私が一人で外出するということがなかったので、三人で出かけるほうが自然だったというだけのことです。

福島市のダイバーシティナイトは、一五人くらいが入るといっぱいになるくらいの小さなバーで開催されていました。店の奥には小さなステージがあり、とても良い雰囲気のお店で、参加費五〇〇円で、アルコールも含むワンドリンク付き！　で、性の多様性やジェンダーの問題などとっても真面目なテーマを学ぶというものでした。

私が参加したのは二〇一六年の一二月二〇日の「グローバリズムと『分断』」をテーマに開催された回で、参加者がスピーカーに質問をするフリートークの時間もあって、私の知的好奇心がむくむくと湧き上がるような感覚がありました。そして、「ああ、こういうやり方があるんだ、郡山でもみんなと考えられたらいいな」という思いが浮かんできました。

そこで、前川さんに「私、こうした学びの場を郡山でもやりたいです」と言ったら、「ぜひ、やってください」と二つ返事。私としてはダイバーシティふくしまさんが郡山で出前してくれればいいかなくらいに思っていたので、「のり子さんご自身が個人でやるか、自分で団体を立ち上げるかどっちかにしてください。お手伝いはしますから」と言われて、「確かに、自分でやればいいのか！」と目から鱗が落ちました。

前述した通り、私は長くカトリックの学校に通っており、マザーテレサの来日の際など事あるごとに学校の授業でマザーテレサの言葉を学んでいました。その中で今も心に残っている言葉があります。それは、「神様は私たちに成功してほしいなんて思っていません。ただ、挑戦することを望んでいるだけよ」というものです。

ですから、成功しなくたっていい、チャレンジしてみよう！　とすぐに決断できました。

実は、私は、東日本大震災の翌年二〇一二年に胸腺腫という七センチ大の腫瘍摘出をしています。人生で初めて大病をしたことで、自分の命に限りがあることを実感し、やりたいことは後回しにせずできる時にどんどんやろうと思うようになっていました。だからこそ、「やりたいことは今やろう！」と一歩を踏み出したのです。冷静に考えてみれば、それまでも講師を招いて講演会などをやってきたのですから、ノウハウも十分あったのですが、そうしたことは関係なく、とにかく自分が体験した温かい学びの場を郡山で自分の手で開催してみようと即決したのです。

イベントを開催するとなると、阿部のり子個人でやっても、皆さんからは、どこの誰だかわからないと思われるので、「ダイバーシティこおりやま」という団体を立ち上げることにしました。

当時の私は、まだ一〇年間の経過観察中で再発すれば活動の継続は困難になってしまうため、誰にも迷惑をかけないよう「自分のお小遣いでできる社会貢献」にしようと団体運営に必要な費用は、自己負担とすることに決めました。

また、ちょうどその頃、私自身も職場で他者から価値観を押し付けられ苦しい思いをしていたので、性の多様性だけでなく、あらゆる多様性を考える場にしようと思いました。

そして、考えたキャッチフレーズが、「ライフスタイルや価値観は人それぞれ。障害や疾病、国籍や宗教、性別、性自認や性的指向もすべてキラキラした個性のひとつです。誰もが「自分らしく生きる」ために、一緒に考えてみませんか?」です。

hana の会のつながりに助けられて

団体を立ち上げる際、上野千鶴子先生（社会学者、認定NPO法人ウィメンズアクションネットワーク理事長）に相談しました。「こおりやま女性ネットワーク＊hana の会」で講演にお招きしたことがきっかけで、メールのやり取りができるようになっていました。

「私はこういう団体を立ち上げようかと思っているのですが、先生お力添えいただけますか？」とメールを送ったら、「やっとその気になりましたね、待っていました。応援しますよ」とすぐに承諾のお返事がきたのです。そして、上野先生がサポーター第一号になってくださいました。数年前まで著書を読んで憧れていた方が、自分の活動を応援してくれるというのは、何とも言えない得難い経験となり、大きな原動力となりました。

次に、イベント開催は一人ではできないなと思い、池田有希さんという助産師さんに団体を立ち上げるので、一緒に活動してみないかと声をかけてみました。当時、思春期保健に関わっていた池田有希さんは、性の多様性を知っていただく大切さを痛感していたということで二つ返事で快諾してくれました。

そして、もう一人、いつも物静かにしているのですが、多様性の尊重を広めたいという思いに共感してくれるのではないかと市役所職員をお一人誘いました。最近は、体調不良などから参加が遠のいていますが、私が担当するラジオ番組にメッセージを寄せてくれるなど違ったかたちで関わってくれています。「ダイバーシティこおりやま」は、多様性尊重を広めるための団体ですから、その活動への取り組み方も多様であっていいと思っています。

そして、次に着手したのは、会場探しです。公共施設の会議室では、堅苦しくなってしまうし、心が落ち着くような照明ではないので、福島でやっていたような雰囲気を再現できる会場を探しました。

地元にco-ba koriyamaという雰囲気のよいコワーキングスペースがあり、その責任者の方がhanaの会でつながりのある三部香奈さんという女性だったので、「何人集まるか正直全く分からず会場費負担が厳しいけれど、個人の社会貢献活動としてダイバーシティナイトを郡山で開催したい」と相談をしたら、「趣旨に賛同できる内容だから、会場費は安くするので使ってください」と言ってもらい、大きな負担にならない金額で貸していただけることになりました。

「シビックプライド」の輪を広げて

一般社団法人グロウイングクラウド　代表理事　三部香奈

マザーテレサの名言に「愛の反対は憎しみではない。無関心だ。」という言葉があります。ダイバーシティこおりやまのキックオフイベントに参加した時、この言葉が私の中でしっくりと腑に落ちたことを今でも覚えています。その時に聞いた話は、私がそれまであまり触れる機会がなかったテーマでもあり、初めて聞くこともたくさんありました。私たちは誰もが、知らず知らずのうちに「無関心」という罪を犯してしまい、気づかないうちに誰かを傷つけてしまうことがあることにハッと気づかされたのです。

私が代表を務める一般社団法人グロウイングクラウドは、東日本大震災後の福島県に「人が集い、学び合い、新しい創造が生まれる場」をつくることを目的に二〇一四年から活動を続けてきました。その一つが、「多様なチャレンジを応援する」コワーキング&イベントスペース co-ba koriyama です。人々が新しい一歩を踏み出したり、出会いを通して学びや気づきが生まれる場にしたいという想いが込められています。なので、阿部のり子さんから最初にダイバーシティこおりやまの活動趣旨を伺った時、その意義ある活動の第一歩を是非co-ba koriyamaで踏み出してほしい！ と思いましたし、のり子さんが開催してくれた勉強会や交流会を通して、私自身がそれまで出会うことがなかった新しい価値観や生き方を知り、大切な気づきを得ることができました。本当に、この出会いに心から感謝しています。

シビックプライドという言葉をご存知でしょうか？ 市民一人ひとりが当事者意識を持ち、地域を良くするために行動を起こすことを意味します。

ダイバーシティこおりやまの活動もまさしくシビックプライドです。より多くの人々の小さなアクションが積み重なることで大きな輪が生まれ、「だれもが自分らしく暮らせる地域」を実現していくのだと思います。

私も微力ながら、より良い未来を創るために、ジブンゴトとしてできることを一つずつ実践していきたいと思っています。そして、これからもますますダイバーシティこおりやまが目指す「優しさの循環」が一人でも多くの皆様に広がっていくことを心から願っています。

当日は、福島のダイバーシティナイトの雰囲気をなるべく再現できるよう、「語り合える夜カフェ」みたいな感じをコンセプトにしようと考えて、ワンドリンク制にしました。コーヒーやハーブティ、紅茶などのカフェメニューを準備し、午後七時からスタートで仕事のあとにそのまま参加する人もいるので、何か軽く食べるものも提供できないかなと考えました。そして、ふっと思い出したのが、医療法人あさかホスピタルの理事長・佐久間啓先生が精神障がい者の方の就労の場として展開しているパン屋さんです。

福祉的な意味合いでパンを買ってもらうというのではなく、美味しいから選ばれるパンを作っていて、市役所での販売には、行列ができるほどのパン屋さん、そして、見えない障害を持ちながら地域で暮らすお手伝いをされていて、ダイバーシティこおりやまのキャッチフレーズにも趣旨がぴったり合うことから、「ダイバーシティナイトin郡山」にパンを提供していただけないかとお願いしてみることにしました。

啓先生ご本人は、県外に出張中で連絡がつかなかったのですが、秘書の方に趣旨をお伝えすると、その日のうちに、秘書の方が啓先生に連絡を取ってくださって、無償提供すると返事をいただきました。そして、ダイバーシティナイトの当日、ご多忙な啓先生にはお礼をいう機会も持てないと思い、お店にパンを取りにいった際、お店の方に「この度は、ご協力ありがとうございました。改めてお礼に伺ってもよければご連絡ください」といった趣旨のお手紙をお渡ししました。

さらには、初回だったので、「まずは開催することを広く知ってもらわなきゃいけない」ということで、福島リビング新聞社の鈴木朱美さんにまたもやお願いして告知記事を掲載してもらいました。

このように「ダイバーシティこおりやま」の活動は、hana の会のつながりに助けられた部分がたくさんあり、ひとつの活動が、次の活動を支えることを実感しています。地域で活動するということは、そうした自分のそれまでの歩みや人脈を最大限に活用することでもあるといっていいでしょう。

また、団体のロゴマークも作成しました。セクシュアルマイノリティの当事者団体などは、レインボーカラーフラッグを掲げているところが多いのですが、その多くは、くっきりとボーダーになっているものです。ボーダーだとその境目で分断があるように感じて気になってしまう私は、境目のはっきりしないグラデーションのレインボーカラーにしました。

形は、地球をイメージして丸にして、その中に多様性の三要素をイメージした星マークを三つ配置しました。ちなみに、多様性の三要素とは、「働き方の多様性」、「存在の多様性」、「価値観の多様性」を指しています。

「ダイバーシティナイトin郡山」は大成功

初回は、二〇一七年一月に前川さんを講師に「ダイバーシティとは」をテーマに参加費ワンドリンク込みで五〇〇円で開催しました。新規の勉強会は一〇人集まったら成功と言われていたところ四〇人以上の方に来ていただくことができました。

参加者の半数以上は友人だったのですが、リビング新聞の告知を見て参加してくださった方もいらっしゃって、小学生から六〇代まで幅広い参加者となり、ダイバーシティふくしま以上の参加者数となり、大いに盛り上がりました。また、想像以上の参加者数となったため、私を含めてスタッフ四名で対応したのですが、受付、会計、ドリンク提供とタスクがいっぱいだったため、見かねた参加者の方が、自主的に受付やドリンク作りを手伝ってくれました。その方たちが、その日から「ダイバーシティこおりやま」のメンバーに加わり、その後、ダイバーシティナイトを開催するごとにメンバーが増えていくことになります。

大盛況となった初のダイバーシティナイトin郡山でしたが、まとめのトークの際に、前川さんが「皆さんこういう場って、これからもあったほうがいいですよね？」と発言し、会場の皆さんも、ワーッと拍手をして意思表示をしてくれました。そして、前川さんから「皆さ

初めてのダイバーシティナイトin郡山　テーマは「ダイバーシティについて」（右・福島大学准教授前川直哉さん、左・筆者）

んこう言っていますし、私も協力しますからのり子さん、これからもやってください。二か月に一回くらいでどうですか？」と言われて、参加された皆さんの笑顔がとても嬉しく、大成功の高揚感もあって「三か月に一回ならやってみます」と宣言し、それから「ダイバーシティこおりやま」の活動は、形を変えながらも続いています。

また、お小遣いでできる社会貢献として始めたとおり、赤字覚悟の開催でしたが、初回から予想以上に参加者がいたため、参加費で会場費やドリンク代などの開催費用すべてとレインボーリボンなどの消耗品購入費を賄うことができました。そのため、無理なく活動を続けることができています。

そもそも私は、しっかり長期計画を立てて行動に移すというよりは、まずは、直感でアンテナが動くほうに向けてやってみて、うまくいかなければ途中で修正したり、やめたりすればいいと思っているのですが、「ダイバーシティこおりやま」の立ち上げはまさに直感で行動していました。

もちろん、初の「ダイバーシティナイトin郡山」を開催することで、性の多様性に悩み傷つきながらも声を出せずにいる人にメッセージが届き、何か変わったらいいなあと思っていましたが、ずっと続けていくというような覚悟を持っていたわけではありませんでした。ですから、立ち上げを決意したとき、六年後の今も活動を続けていることなど、想像もしていなかった展開です。

また、初回に思い立って、よかったらチラシの裏に感想を書いてほしいとお願いしたのですが、思いのほか多くの方から感想が寄せられました。印象的だったのは、自分自身がセクシュアルマイノリティ当事者でありながら、学校教師として制度にジェンダー規範を押し付けていることにストレスを感じており、ダイバーシティこおりやまの活動が広く市内に広がってほしいというものです。やはり、声にならない声が存在しているのだなと実感し、理解が広がらないからこそ、活動が必要なのだと自分の活動の意義を再認識する機会となりました。

初回の大成功で、池田有希さんから、「ウェブサイトを作ってはどうか」と提案されました。確かに広く知ってもらうために最適の手段ですが、私にはノウハウがありませんでしたので考えてもみませんでした。池田有希さんが、他団体でスキルを習得していたため、作成・更新を担当してくれるということになり、「ダイバーシティこおりやま」の専用ページが誕生し、今も情報を発信し、様々な人たちからのコンタクトを受け付けています。

ダイバーシティこおりやまと私

助産師　池田有希

私が、のり子さんと出会ったのは、こおりやま女性ネットワーク＊hanaの会が主催した上野千鶴子さんの講演会でした。素晴らしい講演にエンパワーメントされ、当時、フリーランスの助産師として活動していた私は、もっと自分の視野を広げたい、学びの場に参加したいと思い、講演会で司会をされていたのり子さんに、緊張しながら自分から声をかけました。

元来、人見知りの私は、自分から声をかけることがないのですが、上野千鶴子さんの講演に触発されている状態であったことに加えて、〝上野さんを支持している人なら大丈夫〟という確信めいたものがあり、声をかけることができたのだと思います。予想通り、のり子さんは、私の申し出に応えていただき、私は、翌月からhanaの会に入会することになりました。

その二か月後、のり子さんから、「ダイバーシティこおりやま」という団体を立ち上げて、性の多様性について学ぶ場を設けたいので、一緒にやってくれないかと声をかけていただき、私は、二つ返事で承諾しました。

当時の私は思春期の活動を中心に携わっていましたが、助産師として、性のことに関しては、生まれた時から亡くなるまで全世代に知ってほしい、考えてほしいと思っていたため、自分が一番やりたい分野だったからです。また、のり子さんとはお互いに言語化できない何かで共感するところがあり、熱意をひしひしと感じ、対等に話してくれる人、という印象があったためです。この人となら一緒にやっていけるという思いがありました。

初回のダイバーシティナイトin郡山は、団体の立ち上げから、わずか一か月後の開催でしたが、会場や講師の手配をのり子さんがしてくれたので、私は、皆さんに身に着けていただく、レインボーリボンを作成しました。多様性の象徴であるレインボーカラーで、当日、スタッフみんなでリボンを身に着けることにしました。このリボンは来場者の方からも、自分も身に着けたいとのお申し出をいただくことができました。

二つ返事で参加したとはいえ、活動に全く不安がなかったわけではありません。当時、他のボランティア団体でも活動していた私は、不特定多数を対象とした〝性〟をテーマに取り上げる内容は集客が難しいことを痛感していました。少し偉そうですが、初回開催前に「こういう勉強会は、人がなかなか集まりませんから、お客さんが一〇人集まったら成功かと」と、のり子さんに伝えました。とは言いながらも、せっかく性の多様性を学んでもらう機会ですから、多くの人に来てもらおうと、私自身も知人にたくさん声をかけました。

しかし蓋を開けてみれば当日は、想定以上の参加者が集まり、受付もドリンク提供もドタバタでした。これほどまでに性の多様性を知りたいと思う人がいることに驚き、自分のアプローチを振り返って反省し、またそのニーズの大きさにその先への確かな期待にもなりました。

そして、せっかくのニーズにこたえ、より多くの人にアプローチするために、ウェブサイトの立ち上げを提案しました。幸い、別団体の活動でノウハウは持っていたので、私が管理を担当することになりました。ページの信頼性を上げることができるよう相互リンクもお願いし、今では「ダイバーシティこおりやま」と検索すれば、一番にヒットするようになっています。のり子さんからも、ウェブサイトの情報発信が、団体の活動の幅を広げてくれたといわれ、貢献できていることがうれしいです。

ダイバーシティこおりやまでは、三か月に一度のダイバーシティナイトin郡山やダイバーシティ講演会や映画の上映会など様々な活動をしていますが、最も印象に残ったのは、郡山ザベリオ学園の元中学校長である駒田瑞穂さんの講演です。米国で暮らす娘さんとのエピソードや留学生の受け入れなどを笑いあり涙ありのお話として聞かせていただき、人として誰にでもフラットに温かく接する姿勢に、大きな人間愛のようなものがナラティブに伝わってきました。

〝多様性〟という言葉がひとり歩きする中、その根本として、誰もがこうした自然体で、頭ではなく心で、目の前の〝多様なひとりの名前ある人〟に向き合うことができたら――この社会はもっと誰にも生きやすくなるだろうと思いました。

これは医療法人安積保養園の理事長を務める佐久間啓さんの講演でも感じたことです。ひとくちに〝精神障害者〟として見るのではなく、〝いち個人〟として関わることで相手の見方が変わること、そうした関わり合いを通じて〝誰もが幸せに、共に生きる社会〟を目指していくこと――。多様な個性を持つがゆえに、同じ個性でひとくくりにされてしまうという矛盾。自分も無意識に相手をカテゴリ化してしまっていることに気づかされ、これまでの自分と人との関わり方を見直すきっかけともなりました。

また、私自身が、マタニティハラスメントにあってしまった経験があったので、神奈川県でキャリアコンサルタントとして活動する佐藤美礼さんを招いた「ハラスメントからのキャリア再起」のお話もとても印象に残っています。ハラスメントとは、誰にでも当事者になりうるということを身をもって経験していましたから、言葉の一つ一つ頷くことばかりでした。

ちなみに、私は、妊娠したことを理由に望まない人事異動を上司に示唆されてしまったのですが、その日の夜、のり子さんに相談しました。すると、のり子さんは、すぐに私の上司に直接掛け合ってくれて、数日後には、人事異動の話はなくなり、同じ条件のまま働き続けることができました。

しかし、後日談として知ったのですが、のり子さんはそれ以降、そこの管理職から無視されるようになっていたそうです。その後、夫の転勤で県外に引っ越すこととなり、私は退職してしまったのですが、あの時のことは深く感謝しています。

妊娠や転居を経て、今ではウェブサイトの更新が私の主な役割ですが、ダイバーシティこおりやまの活動は、今も少しずつ広がっています。

こうした活動は、こちらの誰かを助けたい、お役に立ちたいという気持ちだけがあってもうまく回りませんが、うまくニーズとマッチングできるのが、ダイバーシティこおりやまの素晴らしいところです。

最近では、生活困窮者支援も手掛けていますが、社会の変化に対応しながら、のり子さんが企画を実現していくことを私ができる範囲でお手伝いしていきたいなと思っています。


……………………

信頼と応援と

三か月に一回開催を宣言して、はじめに考えたのは、誰をお招きするかということです。初回は性の多様性を取り上げましたから、それ以外のテーマがいいなと考えていたときに、ちょうどタイミング良く、佐久間啓先生の秘書の方から、「理事長がお会いしたいので、二月一四日の午後二時にいらしてください」との連絡があったのです。

偶然かどうかは分かりませんが、バレンタインデーを指定されていましたので、Godivaのチョコレートを奮発して病院に伺いました。啓先生からは、「ダイバーシティは、これから経営でも大切な視点だと考えている」といったお話をお聞きし、ダイバーシティに理解があって、見えない障害を専門にされている啓先生は、ダイバーシティナイトの講師にピッタリであると確信しました。

そこで、四月に二回目のダイバーシティナイトを開催したいこと、講師に啓先生をお招きして、精神疾患や精神障害、発達障害などの見えない障害について、理解を広めるための講話をお願いしたいと伝えました。謝礼は用意できないけれど、とびきり美味しい焼き鳥屋さんにご招待しますと付け加えると、その場で快諾いただき、秘書の方と日程調整をすることができました。

四月のダイバーシティナイトでこのエピソードをご紹介すると、「快諾したんじゃなくて断れなかった」と冗談交じりに言われてしまいましたが、様々なかたちでつながりをもった方々に助けていただけるのは、本当にありがたいことだなと思います。私がいつも人と関わる時に心にとめているのは、誠実に正しい道を歩むことなのですが、そうした姿勢が間違っていなかったのだと思います。

こうして無事に第二回のダイバーシティナイトを開催することができ、見えない障害を有する人々が地域で暮らすことができるよう社会医療法人あさかホスピタルが取り組んでいる牧場経営やベーカリー、美術館のことなどを写真を交えて話してもらいました。当時、啓先生は市内で講演などはしていなかったので、精神障害や知的障害にかかわる福祉関係からの参加が多くあり、初回よりもさらに多い五六名での開催となりました。参加者からは、自分の中にある差別意識に気付くことができた、ダイバーシティ&インクルージョンを地域で実現することの大切さを認識することができたといった嬉しい感想が寄せられました。

また、「ダイバーシティこおりやま」は、地元では著名な錚々たる方々にサポーターに就任していただきました。サポーター第一号は、前述のとおり上野千鶴子先生ですが、その後、郡山医師会長でもある医療法人慈繁会の土屋繁之先生や医療法人櫻井産婦人科の櫻井秀先生、医療法人あさかホスピタルの佐久間啓先生、福島県立医科大学の藤野美都子先生、元新潟大学人文学部長の高木裕先生、世田谷区議会議員の上川あやさんなど様々な分野の方々に応援していただいています。

私は、背が高くて、ハッキリ意見も言うので良くも悪くも目立ってしまうのが昔からコンプレックスで、特に大きな組織で働いていると目立つことで嫌な思いをするほうが多く、昔から「道端のタンポポになりたい」と常々言っては、「タンポポじゃなくてひまわりでしょ」

と言われるのですが、これが市民活動を始めるのには強みになっています。

一度お会いしただけでも覚えてもらえるので、「私はこういう活動をしていて、こういうことをやりたい」と話すと、皆さんが「いいよ」と承諾してくれます。サポーターは現在一四名となっていますが、これまで、サポーターをお願いして断られたことがありません。

特に、郡山医師会長の土屋繁之先生には、後述するダイバーシティ講演会のパネルディスカッションに登壇をお願いした際、「ダイバーシティこおりやまの活動の内容は詳しくわからなかったけれど、阿部さんを応援したいという気持ちから、信用してサポーターに就任した」と胸の内を聞かせていただき、目頭が熱くなったことは今も忘れません。信頼して応援してくださる気持ちに応えたいと、いつも自分を律しています。

職場では、上司から不公平な取り扱いを受けたりするなど何度も嫌な思いをした私ですが、職場の外に視野を広げてみると、本当に人の温かさに助けられ、周りの方に恵まれているのだなと実感しています。

「人によってつけられた傷は、人によってしか癒されない」と言いますが、今、振り返ってみると、「誰かのために、自分にできることをしたい」と思って活動を始めたはずでしたが、こうしたたくさんの方に応援していただくなど、私自身が「ダイバーシティこおりやま」の活動を通して、傷ついた心を癒し、再生していたのではないかと感じます。

第5章　ダイバーシティこおりやまの多様な活動

出前講座と一本の電話

三か月に一度のダイバーシティナイトin郡山を開催していましたが、参加してくださるのは、多様性に関心をもってくださる意識の高い方ばかりであるということに気付きました。そうした方は、日頃から多くのことを学んでいらっしゃいます。そして、多様性を認め合う街にするためには、関心がない方にこそ、知っていただかなければならないのだと思うようになりました。

そこで、私が講師となって、無料の出前講座を提供しようと考えました。もともと、人前で話すのは得意ではなく、緊張してしまうほうでしたが、当事者が発信できないことを私が代弁しなくてはならないという使命感が、苦手意識よりも勝りました。法務省の人権擁護指導者研修の受講を契機に、より深く人権について理解したいと考え、独学で人権規約を学んでいたことと、大学時代に条約などの国際法を学んでいたため一般向けに講話をするだけの知識は習得することができていたこと、ダイバーシティナイトで伝える喜びも感じ始めていたため、大急ぎでプログラムと資料を作成しました。

はじめに、ウェブサイトに案内ページを作り、さらに、何名かのサポーターの方々に「研修開催の機会があればご検討ください」とお願いしました。すると、早速、土屋繁之先生から、病院の職員研修でお話してほしいと依頼をいただいたのです。医療機関という特性もあり、三〇分という短時間でしたが、「ダイバーシティと人権について」と題して、性の多様性の説明と医療従事者に配慮していただきたいこと、そして、マイノリティの気持ちと他者を認め合う疑似体験をするゲームを詰め込みました。

ゲームは、私が考え出したもので、「ダイバーシティこおりやま」のオリジナルゲームとして、研修の際に行っているものです。最初は緊張していた皆さんも、ゲームを通して笑顔になり、研修終了後には、レインボーリボンを身に着けたいと申し出てくれる人がおられました。

後日、病院のブログには、次のように綴られていました。

医療法人慈繁会土屋病院への出前講座

土屋病院にて、ダイバーシティこおりやま代表の阿部のり子様を講師にお迎えし、「ダイバーシティと人権」についての講演会を開催しました。

　ここ最近ニュースで聞かれる様になりましたが、当院ではその内容まで知っている職員は多くは有りませんでした。私も、多様性・人権について今まで深く考える機会はありませんでした。しかし、講演では「自分らしさ」を隠して過ごしている方が、自分達の身近に居ることを知り驚きました。

　自分自身どの多様性の中に居るのか、どの分類に居るのかを知る事で今後、また違った考え方になり、周囲との関わりも良い方向に変えていけると思いました。

　「誰もが自分らしく生きること。」まずは、自分が変わる事・学ぶ事が大事であると改めて感じました。


私にとって初めての出前講座でしたが、皆さんがあたたかく迎えてくださったことに加えて、伝えることで、何かを感じてもらえることが嬉しく、大成功だった！　との思いからこの後、私は、どんどん出前講座を展開していくことになります。

ある女性からの電話を受けて

この研修開催が決まった際、当時地元の福島民報新聞社の記者であった三浦美紀さんに初開催を伝えたところ、取材に来てくれることになりました。美紀さんは、セクシュアルマイノリティ当事者とのつながりがあり、性の多様性を広く知ってもらうことの重要性について共感してくれた方で、研修に密着し、その様子を写真とともに記事にしてくれました。そして、この記事が新たな出会いを運んできてくれました。

記事掲載から一週間もたたない頃、私にダイバーシティナイトの会場「co-ba koriyama」を提供してくれた三部香奈さんから電話がありました。「ダイバーシティこおりやまの阿部のり子とお話したい」という方が、様々な情報を辿って、「co-ba koriyama」に電話を架けてきたとのことでした。きっと、ご事情がおありなのだろうと思った私は、個人の携帯電話番号と、昼休みの時間になら電話対応できる旨の伝言をお願いしました。

そして、その日のお昼、早速、年配の女性から電話がありました。電話に出ると、その方は、堰を切ったようにご自身のこと、お子さんのことを話し始めました。

息子さんが小さい頃から化粧をしたり、女性の服装を好み、その方にとって母親として理解できない行動であったこと、近所や親戚の目が気になって、成人する前から近くのアパートに一人暮らしをさせたこと、息子さんはそれ以降、引きこもりのまま三〇代となってしまったこと、最近になって息子さんから性同一性障害に関する本などを渡され、自分の息子もそうかもしれないと思うようになったが、どう対応すればよいか分からないこと、自分たちが年金暮らしとなり、息子さんの生活を支え続けることができないと感じ始めていることなど、きっと今まで誰にも話すことができなかったであろう思いを打ち明けられたのです。長い年月を経て、お子さんと向き合わずにアパート暮らしをさせてしまったことを後悔し、これからどのように接してよいのか悩んでいる様子でした。

私は、「まずは、お子さんがご自身の性別を女性だと感じているのであれば、息子さんではなく娘さんということですから、その気持ちを受け入れることから始めてはどうでしょう?」と提案しました。けれど、そのお母さんは、「本を読んでなんとなくは分かるけれど、どうも娘とは思えない」と率直に受け入れられないと答えました。

私は、「見た目と心が違うといっても、すぐに理解はできませんよね。まずは性の多様性について正しく知っていただくための機会を設けるので、いらしていただけますか？」と尋ねると、「夫に内緒で電話をしているので行けるかどうかは分からない」との答えに、地方都市では性の多様性がタブー視されており、特に高齢男性に理解がない現実を目の当たりにしました。それでも、せっかく電話でつながることができたので、とりあえず、引き続き連絡を取り合いましょうと約束して電話を終えました。

それまで当事者との接点はほとんどありませんでしたが、やはり郡山にも当事者はいて、家族も悩んでいるんだと知ることができました。そして、もし、その親御さんが性の多様性を知っていれば、引きこもりを誘発することもなかったのではないか、やはり、広く正しい知識を持ってもらう努力をしなければならないと痛感したのです。

そして、より多くの人に知っていただけるようなイベントをやってみようと決意しました。

大成功のダイバーシティ講演会&レインボーフェスタ

ウィメンズスペースふくしまの苅米さんから、活用しやすい助成金をいくつか教えてもらい、申請手続を行いました。そして、その中の一つである東邦銀行のうつくしま基金のスタートアップ助成金で採択を受けることができ、三〇万円の予算で一〇〇人規模の講演会を企画しました。講演会に招きたいと思ったのは、性の多様性について学び始めたときに出会った本『変えていく勇気――「性同一性障害」の私から』（岩波新書、二〇〇七年）の著者である上川あやさんです。

ウェブサイトから事務所あてにメールや電話をしましたが、なかなか返答はありませんでした。そして、SNSにも講演会開催について熱烈なメッセージを送りました。既読がついても返事がない、そんな日が二週間ほど過ぎた頃、とうとう本人から引き受ける旨の返事がありました。講演開催が決定した後もなかなか円滑な連絡がとれずにドキドキすることもありましたが、「ダイバーシティこおりやま」の立ち上げ一周年にあたる二〇一八年一月で日程調整を済ませることができました。

開催が決まると、さらにどんどんアイディアが浮かんできました。講演のあとに、サポーターの人たちを招いて、多様性に関するパネルディスカッションもやりたい！と思い、早速、土屋繁之先生に相談しました。お忙しい先生ですから、早めに予定をとっていただきたいとお願いすると、「私は専門知識はないけれど、だからこそお話できることもあるでしょう」とお引き受けいただくことができました。

また、専門的な立場からの意見も必要と考え、元世田谷区男女共同参画課長で、今は日本大学危機管理学部で教鞭をとっている鈴木秀洋さんにも登壇をお願いし、あっという間にアイディアが実現できました。鈴木さんとは、市町村アカデミーの法制執務研修の講師と受講生としてお会いし、その後、法務部門で研修講師としてお招きしたことで、その後も交流をしていました。講演にパネルディスカッションを追加したいと上川さんに伝えた際、鈴木さんと知り合いであったことが幸いし、プログラムの追加を承諾してもらいました。

早速、より多くの人に開催を知ってもらうため、上川あやさんの写真を大きく配したポスターを作成し、市内各所に掲示をお願いしました。ポスターのデザインや印刷発注はすべて私一人で行い、掲示依頼は、ダイバーシティこおりやまのメンバーや市議会議員の方にも協力してもらいました。皆さんの協力により市内中心部のお店などでもポスターが掲示されたことで、講演会の申し込みは、あっという間に一〇〇名を超えました。参加申し込みのメール受信や名簿作成も一人でこなしていたので、この頃は、仕事と家事を終えた深夜にメール確認をするのが日課となっていました。

そのような状況でも、さらに、新たなアイディアが浮かびました。それは、様々な市民団体に参加していただくレインボーフェスタの開催です。

当時、障がい者福祉や生活困窮者支援などに関わる様々な市民団体が集まって「誰もが住みやすい街」について語り合う交流会に参加したことがあったのですが、その時の参加者の方の発言が大きなきっかけとなりました。近況を語る場面で、障がい者への差別をなくしたいと活動するその方が、「最近、郡山市内に外国人が増えて治安が悪くなってきて、怖い。」と発言されたのです。そして、その発言に同調する参加者もいました。

誰もが住みやすい街について考えるはずの場で、外国人に対する差別発言がなされているのに、違和を感じないそのコミュニティに、私はどうも居心地の悪さを覚えました。私は、カナダ系カトリックの学校を卒業していますので、小さな頃から外国籍の方が身近におり、恐怖を感じたことがありません。けれど、その方々は、見た目や先入観で恐怖を感じていたのです。

福祉に携わり、障がい者への偏見をなくしたいと訴える人でさえも、関心のない領域には差別意識があることを知りました。そして、差別をなくすためには、まずはお互いに知ることから始めなければならないと感じ、様々な分野について互いに学びあえる場をつくることができたらいいなと思ったのです。

相互交流のために参加してください、といってもなかなか土日に出てきてくださることは難しいと思ったので、出店費無料で参加できるバザーのような企画としました。助成金は三〇万円と上限が決まっていたので、謝礼金や消耗品の予算をやりくりして、会場費をねん出しました。

参加条件は、他団体と力を合わせてレインボーフェスタの準備を行い、開催できる団体であることのみとしました。開催会場は、郡山駅前のビッグアイですから、通常、こうしたイベントでは、参加費五〇〇〇円くらいは必要になりますが、無料で販売できるとのことで、郡山市外の団体からも申し込みがあり、トータル一四団体の参加がありました。

知的障害や精神障害のある方々を支援する団体では、パンやお菓子、コーヒーの販売をする団体が多かったのですが、それだけでなく、多様性の象徴であるレインボーカラーのグッズの販売や、障がい者バスケットボールクラブの案内、DVなどで悩む女性を支援する団体の活動紹介、CAPというお子さんの安全を守るための活動を紹介してくださる団体や、編み物をしながら、性の多様性について考えるワークショップを開く団体など、多様な団体が、多様なブースを作ってくれました。

さらに、多くのブースをまわってもらうためにスタンプカードもつくって、五つ集めた人にダイバーシティこおりやまのオリジナルラバーバンドをプレゼントすることにしました。ラバーバンドは、多様性尊重の象徴として無料配布するために助成金で作成したものですが、ただ配布するより、スタンプを集めて受け取ってくれる人のほうがラバーバンドを大切にしてくれるのではないかと考えてのことです。

そのほかにもブースをまわらずにレインボーカラーのグッズを手にしたいという方のため

に、ストラップを作って販売することにしました。以前、メンバーの皆さんにレインボーカラーのストラップを手作りしてプレゼントしたことがあり喜んでいただいたのと、少しでも活動資金の足しになればと考えました。

実は、そのストラップを作っているときに、思い出深い話があります。ストラップは、レインボーカラーをテーマに、赤、オレンジ、黄色、緑、青、紫のビーズを順番に繋いで作成したのですが、うっかりして紫をつけずに作ってしまったものがありました。せっかくの細かな作業が台無しになってしまったような気がしてガッカリしていると、娘がそのストラップを手にして、「私、これがいい！　だって、オンリーワン、世界に一つだけの組み合わせってことでしょ。」と言って、自分のスマートフォンに付けてくれたのです。このさり気ない娘の行動に、私は目から鱗の思いでした。「みんな違ってみんないい」と多様性尊重を掲げる私であったはずが、「完璧でなければならない」という思いに囚われ、予定と違った不完全なストラップを受け入れることができていなかった自分の不寛容さに気付かせてもらいました。

しなやかな娘の視点を知ることで、レインボーにもいろんなレインボーがあっていいよね、と思い直してみると、これまで規則正しく作ったストラップが、少しつまらなく感じてきて、その後は、感性の赴くままにいろいろな組み合わせで楽しんで作ることができました。実際、会場での販売実績をみても、多様な種類のお買い上げがあり、皆さんが好むレインボーも多

当日配布したレインボーカラーのオリジナルラバーバンド（かごの中）。右には手作りのストラップ

様なのだと実感することができました。

私たちは、何かに一所懸命になると、つい視野が狭くなってしまい、「こうでなければならない」と頑なになってしまうことがありますが、そんな時こそ、家族や友人など他者の視点を借りることで、多様で柔軟な心を取り戻すことができるものなのだと感じた出来事でした。

また、会場をカラフルにしたいと手作りで飾りつけすることにしました。その時点で予算をオーバーしていたので、私が自己負担して一〇〇円ショップで買い出しをして、ダイバーシティこおりやまのメンバーみんなで色とりどりの飾りを作成しました（カバー裏写真・中）。

当日は、もう一つミラクルが起きました。レインボーフェスタのカラフルな会場のとなりでは、絵手紙の展覧会が開催され、その来場者が次々とブースを訪れてくれたのです。とある団体は、終了時間前にすべての商品を売りつくしたというところも出てくるほどでした。総来場者数は五〇〇名を超え、大賑わいとなったのです。

さらに、もう一つ、やりたかったことを実現しました。それは、障害がある方に、支援する側として参加していただくことです。

私が、ふっと思い浮かべたのは、ダイバーシティナイトin郡山の参加者で、今泉祥子さんという女性です。当時は総合教育支援センターの養護教諭として働く傍らで、知的障害のあるお子さんたちのバスケットボールクラブ「レインボーズ」のお手伝いなどをされており、学びへの探求心豊かでいて、とてもフラットな人です。私の思いをお伝えすると、早速、レインボーズの保護者の皆さんと相談してくれることになりました。

レインボーズの皆さんは、総勢八名でボランティア参加してくれました。そして、保護者の皆さんもサポートではいってくれて、会場を素敵に飾りつけてくれました。みんなで相談しながら、カラフルな飾りを様々にレイアウトしてみて、キレイなフォトスポットもできました。レインボーズのみんなが飾り付けてくれたダイバーシティこおりやまの手作り看板の写真（カバー裏写真・上）は、今も「ダイバーシティこおりやま」のFacebookグループページのトップに飾っています。

「知る」ことの大切さ

カラフルに飾り付けた会場には、多くの人が訪れてくれました。新聞社の取材もあり、翌日の新聞には、上川さんの講演する姿が大きく掲載されました。

上川さんの講演では、自身の性別違和のこと、手術を受けるまでの経緯などの性の多様性だけでなく、議員として取り組んでいる路上生活を余儀なくされている弱者などへの様々な支援についてや人工肛門造設手術を受けている人が直面する困難と必要な支援についてなどデータを示しながら具体的に話してくれました。上川さんは、途中、涙ぐむ場面もあり、きっと初めてトランスジェンダー当事者の話を聞くであろう多くの参加者がその話にくぎ付けになっていました。

講演終了後のパネルディスカッションでは、土屋先生や鈴木さんが講演を聞いた感想とともに知ることの大切さを率直に話してくれました。また、土屋先生が会場にいた櫻井先生を指名して発言を求め、産婦人科の医師として、性の多様性に向き合いながら日々の診療にあたっていること、郡山市でも身近なことであることなどを語ってくれたことで、その場にいる参加者みんなが自分事として捉え、会場に一体感が生まれました。そして、多様性を認め

1周年記念で開催したダイバーシティ講演会　上川あやさんをメンバーで囲んでの一枚

上川さんの講演後に行ったパネルディスカッション　登壇者は土屋繁之氏（医療法人慈繁会理事長・左から2人目）、鈴木秀洋氏（日本大学教授・右）

合うことで、いかに温かな社会となるかを一人一人が考える機会となり、会場全体が優しい空気に包まれていました。

こうして上川さんの発信力はもちろんのこと、大きな組織の上に立つ土屋先生の場を作り上げる力に助けられ、ダイバーシティ講演会とレインボーフェスタは、大成功となりました。

ダイバーシティこおりやまとの出会い

株式会社薫化舎　代表取締役社長　今泉祥子

二〇一六年、私は教育の多様性の理解啓発を業務とする福島県特別支援教育センターに勤務していました。

センターには、教育を中心とした様々な相談が寄せられていましたが、その中に「男の子に生まれたものの、女の子になりたいという我が子に、どう接したらいいのか悩んでいる」お母さんから、電話相談が入ったことがありました。

私達は「障がい特性」としての多様性についての知識や情報は持ち合わせていましたが、『性』の多様性については知識が乏しく、十分な相談や情報提供ができなかったことを覚えています。

その相談以降、私はLGBT支援団体に問い合わせをして情報提供を受けたり、関係する講演会があると知っては、足を運んだりするようになっていました。

郡山市男女共同参画センターで行われた「LGBT当事者のお母様がお話になる講演会」に参加した時、私は初めて郡山市で活動されている「阿部のり子さん」の存在を知り、二〇一七年四月に開催された「ダイバーシティナイトin郡山」への参加を契機に、阿部さんと直接情報交換させていただくようになりました。

二〇一八年一月の「ダイバーシティ講演会&レインボーフェスタ二〇一八」では、名前に「レインボー」が入っていたことに阿部さんが『縁』を感じて参加しませんかとご提案いただいたことがきっかけで、息子がお世話になっていた「知的障がいを中心としたバスケットボールチーム　郡山レインボーズ」と共に、参加させていただきました。

日頃バスケットボールの練習と大会参加だけだったメンバーにとって、初のボランティア活動であり、その後も二〇一九年の土屋病院でのイベントにも参加させていただくなど、イベントのお手伝いと共にチームの宣伝活動をする貴重な社会経験の機会をいただいています。

二〇一九年五月の映画『私はワタシ』（一般社団法人 Get in touch 制作）自主上映会では、当事者の皆さんのお話を直接お聞きする機会も得て、当事者の皆さんが「学校」という大事な場所で、多くの傷つき体験をしていることを知り、小中学校で『多様な性についての教育』に力を入れていかなければならないことを痛感した機会になりました。

当時、私は郡山市教育委員会特別支援教育専任指導主事の立場にあり、教育委員会理解の下、阿部さんの仲介を経て『「私はワタシ」ＤＶＤのクラウドファンディング学校プロジェクト』に応募し、郡山市内全小中学校に教材として「私はワタシ」のＤＶＤを配布することができました。現在、活用状況までは把握していませんが、教材として学校に存在していることに価値があると考えています。

『ダイバーシティ＝多様性』と言葉で言うのは簡単です。私も小さい頃「男に生まれたかった」と言った覚えがあります。スカートはそれほど好きな洋服ではありません。「かわいい」も「格好いい」も好きです。私の中にも『性』の多様性はあるということです。

では、「『障がい』と『普通』と『才能』の差って何？」当然、私の中にも凸凹はあります。「『普通』ってどこからどこまで？」疑問は尽きません。正解は一つではないのです。

しかし、『多様性』という、確かにあるこの微妙な感覚の差を、あいまいな境界を、つながっていながら確実に「違う」という感覚を、自分自身できちんと理解することは大切なことです。判断できること自体が、素晴らしいことなのです。

発達において、自分の『快』と『不快』をきちんと判断できることは、人生をたくましく生きるベースになる力です。『性』も『障がい』も関係なく、人としてとても大事な自己理解であり、自己実現に向かう力です。

私は、「男女」「障がいの有無」等に関係なく、『その人らしさ』を大切にすることが、『多様性の尊重』につながると考えています。

我が娘も、自我の確立の時期を迎え、自己の性についても揺らぎがあります。社会制度や慣習に流されず、自己を探求できる力を身につけたと考えれば、嬉しい成長です。どんな答えを出そうとも、『自分らしさ』を発揮して、自由に生きて欲しいと願うばかりです。

『ダイバーシティこおりやま』との出会いは、私にとって必然でした。

阿部のり子さんを始めとする、『ダイバーシティこおりやま』の皆さんとの出会いに感謝しております。

――自分自身を、自分の愛する人々を理解しようとする時、そこに必ず『多様性』があります。当たり前です。私達は唯一無二の存在なのですから。

……………………

新たな出会いからラジオに出演

「ダイバーシティ講演会」では、新たな出会いがたくさんありました。講演会終了後、私のところには、様々な方が声をかけに来てくれました。

「自分もトランスジェンダーであり、こうした場を開催してくれたことが嬉しい」と打ち明けてくれた人、「ダイバーシティこおりやまに入りたい」と申し出てくれた人、「レインボーフェスタで当事者同士で繋がることができた」と感謝を伝えにきてくれた人など様々でした。

皆さん、講演会やパネルディスカッションでの言葉に共感し、ダイバーシティこおりやまと繋がろうとアクションを起こしてくれたのです。

未来のダイバーシティこおりやまのメンバーにも会っていました。それは、FtMトランスジェンダーの芳賀裕希さんです。彼は、「こういう会を開いてくれて、ありがとうございます。」と声をかけてくれました。その時は、挨拶を交わしただけでしたが、その後、イベントなどで交流が生まれ、今では、メンバーとして一緒に活動してくれています。

ボクが感銘を受けた言葉

芳賀裕希　トランスセクシャル

のり子さんの「微力は無力じゃない」という言葉……ダイバーシティこおりやまに出会って、のり子さんの講演を聞き、ボクが感銘を受けた言葉です。

ボクは、のり子さんに出会い、自分と向き合うことに積極的になれました。当事者のボクからしたら、どうしてそこまでしてくれるの？　と、不思議に思うこともあります。そこまでしてくれる人が居るのなら……。自分だってアクション起こさなきゃ！

ボクの活動が、たとえ小さなものでも無駄ではないはずと、強く思えました。

ダイバーシティこおりやまに所属してからは、今まで以上にＬＧＢＴＱについて関心を持つようになりました。自分のことであるにもかかわらず正直まだまだ理解はできていません。みんな違いますから。理解しきれないと思います。理解してほしいのではなく、知ってほしいのです。特別扱いしてほしいのではなく、そんな人も居るんだと感じてくれれば良い。間違った情報や誤解から差別や偏見を向けられている人がいることから目を背けてはいけない。そう、気が付かせてくれたのは、のり子さんです。

その包容力、行動力、説得力、大胆かつ繊細なのり子さんとなら！　と、奮い立ったボクはダイバーシティこおりやまの一員としての活動に力を入れたいと思っています。

具体的な活動として、各地で開催するパレードにボランティアスタッフとして関わり、交流を広げています。またＬＧＢＴＱを越えて社会で弱者とも呼ばれる方々の手助けについても、のり子さんが生活困窮者支援として始めたフードパントリー（食料品の無料配布）などで携わっていきたいです。

さらには当事者としてトークショーに積極的に参加し、性の多様性を知ってもらいたいです。多種多様な現代だからこそ、多種多様な方々の話を聞いて、知って、自分事として考えていきたいです。

――そして、のり子さんのように誰かのために動ける人になっていきたいと思っています。――

ダイバーシティ講演会での出会いは、たくさんありましたが、その中でも「ダイバーシティこおりやま」の活動にとって大きなターニングポイントとなった出会いがあります。それが、地元のFMラジオ局で、パーソナリティを務める小林恵さんです。名刺を差し出しながら、「とっても良いお話を聞くことができました」と話しかけてくれました。この時は、名刺交換のみとなりましたが、その後、一緒にラジオ番組を担当することになりました。

二〇一九年九月に「ダイバーシティこおりやま」と私が市役所で主宰している自主勉強会「法務deランチ」のコラボイベントの開催告知で再会することになります。いただいた名刺のメールアドレスに開催告知を協力していただきたいとメールすると、意外なお返事がかえってきました。

九月のハッピーマンデーの「ひるココ」というラジオ番組にゲスト出演して、ご自分で告知してはどうですか？　というものでした。あわせて、せっかくなので「多様性」についてお話してほしいとのことで、ラジオを通して、多様性について伝える機会をもてるのも貴重なことだと思い、参加させていただくことにしました。

生放送で二時間番組ということで、どんなかたちで出演になるかは分かりませんでしたが、ダイバーシティこおりやまのメンバー二名とともに出演することにしました。放送開始三〇分ほど前にスタジオ入りして、簡単な打ち合わせをすると、二時間通して出演ということで、急に緊張に襲われましたが、恵さんの軽妙なトークとリードで、楽しくお話することができました。

そして、初めてのラジオ出演から数日後、ダイバーシティこおりやまに一通のメールが届きました。

「ダイバーシティこおりやま」のウェブサイトを見つけたとき、郡山に自分を認めてくれる人たちがいると知って、とても嬉しかった。そして、ラジオを通して、阿部さんの顔と声が一致したことで、なんだか生きててもいいんだと思えるようになりました。いつかダイバーシティナイトにも参加してみたいです。

このメールで、ラジオは、様々な事情で外出できない方にとって、自分の部屋で社会とつながれる大切なツールだったと気付きました。市内のどこかで、ダイバーシティこおりやまの誕生を喜んでくれた方がいて、偶然、ラジオで私の話を聞いてくれたという奇跡、そして、それを私に伝えてくれたことで、自分の活動が誰かの支えになっているのだと改めて実感することができました。

人との出会いは街中にある

実は、ダイバーシティこおりやまの活動を始めたことで、それまで以上に「出る杭」となっていた私は、この頃、職場で嫌な思いをすることもありました。活動が拡大し、うまくいけばいくほど、特に年上の女性からの風当たりが強くなっていると感じていたのです。もちろん活動を応援してくれる人や、リスペクトしてくれる人も大勢いて、一緒に活動してくれる職員もいましたし、私が取り上げられた記事を読み、「新聞読んだよ」と声をかけてくれる職員もいましたが、年上の女性職員からは逆風のほうを強く感じていました。

そのような時にメールをもらって、私の顔と声が一致したくらいで、生きていてもいいと自分の命を肯定してくれる人が一人でもいるのなら、多少の嫌がらせなんて大したことじゃないと思えるようになりました。そして、「打たれても、打たれても、出る杭になろう！

出る杭、上等！」と覚悟が決まった瞬間でした。

自分がかつてそうであったように、性の多様性に無知な母親をなくしたい、それがきっと「声にならない声」の力になるはず……と活動をしているつもりでしたが、振り返ってみると、私自身も顔さえ知らない誰かに勇気をもらっていたのです。

そして、それから数日後、小林恵さんから、月に一回、ダイバーシティについて考えるラジオ番組を一緒にやらないかと声をかけていただきました。一通のメールで活動へのモチベーションが急上昇していた私は、「やります！」と即答しました。

そして、イベント告知のための生放送に出演した翌月の第四金曜日から、多様性をテーマとする番組「こおりやまプライド」はスタートし、私はパーソナリティ＆コメンテーターという本業以外の役割をさらに持つことになりました。

地方公務員という職業柄、ノーギャラであっても人事部門の承認を得る必要があると考え、早速、人事課に相談しました。ダイバーシティこおりやまのこと、新しいラジオ番組のことなどを資料にまとめて提出したところ、謝礼がないので特に手続きは不要で出演可との結論を得ました。法律が改正され、公務員も副業が認められるようになり、有償の副業については、自治体によって認められる基準は異なるものの、無償であれば、そうした心配もなく、組織の外に出て、役割を担うことができます。本業で生活するために必要な金銭は得ていますから、社会活動や副業をしてみたい人は、ボランティアでやってみるのもひとつではないかと思います。

ラジオ番組を始めることで嬉しい再会もありました。小中学校の同級生がスタッフとして働いていたのです。いろんな縁に支えてもらう一歩となりました。

「こおりやまプライド」では、ダイバーシティに関連する用語を解説する「今月の単語帳」、国内外のプライドニュースを取り上げる「最近の話題から」、リスナーやダイバーシティこおりやまのメンバーからのお便りを紹介する「ちょっと言わせて」のコーナー、そして、開催イベントの告知をするという四本柱の構成で、様々な多様性を取り上げてお伝えしてきました。性の多様性を身近なものとして感じていただくことができるよう、当事者の声を直接届けるために様々なゲストをお招きしたこともあります。例えば、恋愛感情を持たないアセクシュアルの方、ご自身の性別が男性でも女性でもないと感じるXジェンダーの方、性別適合手術を受け、女性として生きるトランスジェンダーの方がご夫妻で出演してくれたこともあります。

それから、ちょっとしたご縁で、お笑いコンビ母心《ははごころ》の嶋川武秀さんにも出演していただきました。嶋川さんは、和装のお母さんの姿で「おかん」として、夕方のローカル番組に出演している福島県内では有名な人で、言ってみれば異性装ですから、多様性についてどんなお

多様性尊重を発信する番組「こおりやまプライド」に母心おかんさんをゲストに招いて

考えをお持ちなのかお話を聞いてみたいと考えてのことです。市役所の先輩に紹介してもらい、所属する事務所にメールで依頼すると、引き受けてもらうことができました。

嶋川さんは、ノーギャラなのに事前アンケートまである……と、最初は怪訝に思われたようですが、いざ、収録を始めると、ロケに出たときに異性装ゆえ変な目で見られた経験があったことで当事者の気持ちが少し理解できると感じていることや芸人仲間に当事者がいること、息子さんの洋服選びは本人にさせているのでピンク色を選んで驚きと発見の連続で子育てをしていることなど、時に笑いを交えながらさすがの話術で番組を盛り上げてくれました。そして、帰り道、テレビ局まで送迎する際、楽しかったので、次に機会があればまた出演したいと言ってくれました。

その後、嶋川さんは、富山県高岡市議会議員、富山県議会議員に当選され、さらに多忙な身となっているため、二回目は実現していませんが、いつかご縁があればよいなと思います。

このように様々なテーマやゲストを迎えてきたものの、人権やジェンダーについて語り合う番組は、なかなかマイナーで人気番組とはいえないのですが、リスナーさんに偶然、お会いしたことがあります。それは、他の団体が主催する性の多様性に関する勉強会に参加したときのことです。質疑応答で「ダイバーシティこおりやまの阿部のり子と申します。」と名乗った私に、一人の女性が声をかけてくれました。「ラジオいつも聴いています。昨夜も楽しくて！」との一言に、思わず、大きな声で「うわー、ありがとうございます！」とはしゃいでしまいました。福島県の県南地方にお住まいで、アプリをダウンロードして聴いてくださっているとのことで、早速、名刺交換をしました。

この活動をしていると実感するのは、人との出会いは、街中にあるということです。そして、番組にメールやリクエストはなくても、確実に聴いてくださっている方がいるということです。スポンサーがいない番組ではありますが、五年目に突入し、「こおりやまプライド」は二〇二二年一〇月に月に一回の六〇分番組から、毎週水曜日の二〇分番組に形を変えて、内容も多様性の知識を深めていただくための用語解説やみんなが幸せに暮らすための国連の開発目標「ＳＤＧｓ」のゴールの解説などに特化して継続しています。

誹謗中傷をそのままにしない

ダイバーシティ講演会の翌月二〇一八年二月には、当事者、当事者家族、アライ（理解者）限定のダイバーシティ交流会を開催しました。講演会で、性の多様性に何らかの関心がある方や当事者が来場するだろうと考え、翌月に交流会をやることにして、講演会で来場者全員にチラシを配布しました。

講話をお願いしたのは、私の母校で校長先生をしていた駒田瑞穂先生です。私が中学校の頃は社会科の先生でしたが、娘が入学したときには校長に就任していらして、娘のことで悩みを抱えたときに適切なアドバイスをくださった先生です。娘さんが海外生活をしていて異文化を受け入れる柔軟さがあり、ざっくばらんで明るい先生のお話は、きっと皆さんの心を楽にしてくれるのではないかと考えました。

ここでも新しい出会いがありました。ＭｔＦトランスジェンダーとして生きる佐藤優さんです。県南地方にお住まいで、土曜日なので参加できたと声をかけてくれました。その時は、深いお話はできませんでしたが、いろんな困難を乗り越えてきたのではないかと感じました。そして、いつかその思いを教えてもらえる日が来たらいいなと思い、「メンバーになりませんか」と誘ってみました。思春期にとても辛い思いをされた優さんですが、その思いを昇華させて、ダイバーシティこおりやまのメンバーとして講演会で当事者としての思いを話してくれたりしています。

しかし、すべてが順風満帆であったわけではありません。優さんが顔出しでトランスジェンダー当事者であることを公表して少し経った頃、一度、掲示板で誹謗中傷を受けたことがありました。結婚した優さんは、夫や家族など自分以外にも悪い影響が出てはいけないと、当事者として活動することを控えることとなりました。何も悪いことをしていないのに匿名で人を傷つける陰険で悪質な行為にとても悲しく思いましたが、嘆いてばかりもいられません。私は、まず自分にできることをしようと、その誹謗中傷コメントひとつひとつを特定し、サイトの管理者に通報し、削除を求めました。スレッド全体の削除を求めましたが、それは認められませんでした。手のかかる作業でしたが、私には、ダイバーシティこおりやまの代表としてメンバーを守る責任がありますから、当然の行動でした。とはいえ、匿名で誹謗中傷できる仕組みそのものをなくさなければ、こうした悪質な行為はなくならないのではないかと思います。

それから二年ほどが経った二〇二一年、私が講師を務める講演会で、当事者の話も聞きたいとの要望があり、優さんがお話してくれることになりました。いろいろなことを乗り越え、人前に出てお話をすると言ってくれた優さんに、私は坂本龍馬の言葉を贈りました。

「世の人は我を何とも言わば言え　我が為す事は我のみぞ知る」

この言葉は、「世の中の人が好き勝手に言ったとしても言わせておけばいい、自分が実現しようとすることは自分だけが知っている、だから、自分がわかっていればそれでいいのだ」という意味だと受け止めているのですが、私が「打たれても、打たれても、出る杭でいよう」と決めたときから、常に心の中で大切にしている言葉の一つです。

自分らしく生きること

佐藤　優

これは、トランスジェンダーとして生きる私のお話です。内容に関しては一例にすぎません。こういう人もいるんだなーっていうくらいの感じで聞いていただいて、各々で

「何か」を感じ取っていただけたら幸いです。

幼いころの私。当時の一人称は「ボク」でした。違和感もなく性別欄の「男」に、○を付ける。「男」と「女」あまりにも少なすぎる選択肢を、当たり前、常識、普通として受け入れなければならない世界。

学ランが嫌でした。上半身裸になる、海パンが嫌でした。短髪になることが嫌でした。男の子なんだから泣かないのと、言われるのが嫌でした。みんな一緒、同じ姿。何も恥じることはない。なのに、湧き上がる嫌悪感の意味を、当時は理解していませんでした。

成長していくと、スカートに憧れました。妹が着ていた制服が、とても可愛かった。女の子はスカートがはけるんだ。でもボクは男の子だし、スカートをはくのはおかしいよね？　スカートをはく自分を思い浮かべ、それは普通ではない、変なことだ。幼いながらも感じていました。

中学に入学すると、私の生活は一変しました。同級生には、私は異質に見えたのでしょうか。授業中、消しゴムのカスが、頭に乗っています。座っている椅子を、蹴られます。

何もしていないのに、「お前、ナヨナヨして気持ち悪いんだよ」と言われます。原因が何なのか、当時は分かりませんでした。どうしてこんな目にあうの？　ボク、何かしたの？　私は、ココロを閉ざし、中学一年生から卒業まで、ひきこもりでした。親しい友だちもいません。

一緒に住む家族とすら、言葉を交わすこともなく。唯一、優しく接してくれる母にすら反抗していました。もはや、人との接し方が、わからなくなっていました。一六歳くらいのことだったでしょうか。

ある日、学研からくる、教材の郵便物に目が留まりました。半田ゴテで作る、電子教材でした。割と男の子っぽいものを、当時は欲しいと思っていました。それはともかく三万くらいする高価なものでした。母と話すのも、緊張するような状態でしたが、「……これ欲しい」と伝えました。母は「いいよ」って、すぐ買ってくれました。今思えば、決して裕福ではなかったと思います。母は内職で稼いだお金を、どうしようもない私のために使ってくれました。とても嬉しかったことを今でも強く覚えています。些細な出来事でしたが、この事をきっかけに、私は徐々にココロを取り戻していきました。

そんなある日、新聞折り込みの、衣料品店のチラシに目を奪われました。掲載していた、デニムのロングスカートに一目ぼれしたのです。モデルの女性が素敵に着こなしている姿を、自分と重ねていました。幼いころからの、スカートへの憧れに、買いに行こうと決心した時は、とてもワクワクしました。

当時の私は、髪を長くしていましたが、女らしさはなく、店員さんの顔色をうかがい、口から心臓が出そうなくらいドキドキしながら、商品をレジに出したのを覚えています。帰宅して、こっそり念願のスカートをはきました。鏡の前でポーズをとり、モデル気分です。そして、私は、人の目を避けて、たまにそのスカートをはき、外出するまでになっていました。

お家には、お客さんが来ることもあります。「こんにちはー！」と、声をかけると長い髪の少年は、女性に見えたのでしょう。「あら？　娘さん？」と、聞かれました。すると母が「うちの長男だ」と説明します。母に悪気はないのです。母は正直に話しているだけなのです。私は娘ではないのですから……。困惑するお客さんに、内心どう思われていたのだろう？　変わっている自分が悪いのだから、仕方ないと思っていました。

少年にとって生まれたてからの「男」という変えられない性別の悩みは、あまりにも存在が大きかったのです。人と考えることが違う、普通じゃない、という固定概念が、自分に対しても、異常だという偏見を持つ要因になっていました。自分が自分をおかしいと思ってしまう、だから人に言えません。おかしいことなんて誰よりも理解していました。

他人と比較し、あまりにも認識が違い、嫌われたくないから、偽りの自分を作り、真実を隠していました。けれど、自分の思いを押さえつければ、押さえつけるほどに、嘘をついて生きている自分が嫌いになりました。どうしてこんなに他人と違う？　どうして男で生まれたのか？　と、この世から消えたいほどに、自分の存在を嫌っていました。

少年は大人になりました。仕事をして自分の自由が、作れるようになってきました。当時は、自分の中の男を消したくて、女性に近づこうと必死でした。今時のスマホなんて便利なものはなく、ファッション誌などから情報を得て、化粧品を買いました。初めての化粧品は、ファンデーションと色つきのリップクリームです。テレビに映る女優さんや、アイドルのようになりたいという憧れを叶えるために、できることを精一杯していきました。そして鏡に映る姿が、女らしさを帯びていくことが嬉しかったのです。

そんな生活を送る中、お母さんと祖母が、「温泉に行きたい」と言いだしました。車で送り届けると、私は駐車場で二人が戻ってくるのを待っていました。温泉に行くのになんで入らないのって思いますよね？　薄化粧をして、女性物の服を着た私は、男湯にすら入れません。もはや男でも、女でもない自分。

なりたいものに近づくと、出来ないことがあると初めて実感した出来事でした。それでも温泉好きの私は、短髪のかつらを被り、男湯に入ったことがあります。今思えば、馬鹿ですね（笑）。ゆえに私が本気で、女性になりたいと思ったきっかけは「温泉にゆっくり浸かりたいから」でした。

時は過ぎ、さらなる女性化を目指した私は、睾丸を取る手術を受けることを決めました。手術前に、母と電話をしました。「今日取るから」と。母は少し黙った後、とても悲しげに「そうかぁ…わかった…」と答えました。こんな悲しい母の声は、聞いたことがありませんでした。そこで私は初めて気づいたことがあったのです。女性になりたいあまり、見えなかったこと。私が男で生まれたその先に、母の幸せもあったのです。【もう自分には、子供が作れない】孫の顔を見たかっただろう。孫を抱きたかっただろう。孫と話しをしたかっただろう。どんなに悲しい思いを、母にさせてしまったのか。母の夢を、私は壊してしまったという申し訳ない気持ちがあふれ、私は泣くことしかできませんでした。

術後、母の、私に対する接し方が変わりました。それは、お家にお客さんが来た時のことです。

「こんにちはー！」と、声をかけると「あら？　娘さん？」と、お決まりのセリフに、母は「一番上の娘だ」と、言うのです。凍り付いたココロが、じわーっと溶け出す感覚でした。やっと母に「娘」だと認めてもらえたことが、ただ嬉しかった。

それから私は、名前を変えることを決めました。母に相談したら、優しいと書いて「優」にしなさいと言ってくれました。母が、私を思いながら付けてくれた、とてもいい名前です。

生まれ変わったような気持ちでした。そしていよいよ性別適合手術を受けました。やっと女性になれた！　ですが、術後は思った以上に壮絶でした。気絶するように意識が飛び、数分眠り、痛みで起きる。トイレで用を足す時も、激痛で意識は朦朧としていました。

退院して自宅に戻ってからも痛みは続きます。どんなに痛くても、私を診てくれる病院は、福島にはありません。のたうち回り、唸り、泣く毎日。血だらけのナプキンを見て、いつまで続くんだろう？　そう思っていました。

仕事復帰してからも、常に痛みがありました。ある朝、仕事に向かおうとしていた時です。元気だった時の面影はなく、心は弱り、ただ泣いている私に、母が声をかけてくれました。「優は大したもんだよ…よく頑張ったなぁ…偉いなぁ」と、母が、涙を流しながら、褒めてくれました。変わり果てた自分の子供。そんな私のことを思い、涙を流してくれる母。こんな顔させちゃいけない！　元気にならなくちゃいけない！　と強く思いました。

手術から数か月後、痛みも引いてきたので、母と埼玉の川越に旅行に行きました。ゆっくり観光して、ホテルに戻った時、ふと思い立ったのです。「温泉に行きたい！」。私の思い付きです。幸い、ホテルから徒歩で行ける距離に、スーパー銭湯がありました。女性となってから初めての温泉です。人前で裸をさらしたのは、いつぶりだろうか？　高揚する気持ちを抑え、母と温泉に浸かりました。初めて浸かったのはバラ風呂。紅色の入浴剤を入れたようなお風呂です。子供のように、はしゃぎました。足をバタバタしたり、大の字になったり。そんな姿を母は笑いながら「よかったなぁ」と言ってくれました。私は、あのお風呂を一生忘れません。

母以外にも、私には大切な人がいます。辛く苦しい時、泣いていた時、側に居てくれた人。いつも味方でいてくれて、私に生きる喜びをくれる人。そして、こんなポンコツな私を、ココロから愛してくれる人。私は結婚をしました。これほど幸せなことはありません。自分が女性として、結婚するなんて夢のようです。生まれた時の性別は、変えることができます。

性別は二つだけではありません。誰もが、性別を選ぶ権利があるんです。なりたい自分はなんなのか。自分らしさとはなんなのか。自分にとって大切なことはなんなのか。

他人に否定されても、どんなに馬鹿にされようが、自分の理想、目標、夢を大切にしてください。

人によって見る方向や、進む道が違うとしても、それが自分です。みんな違っていいいじゃないですか。すべての人が、ほかの誰とも違う、特別な道を歩んでいるんです。それを受け入れてくれる人もいれば、否定する人もいる。私は否定する人に、理解してもらうような努力はしません。受け入れてくれる人を大切にします。大勢の人に好かれようとしなくてもいいのです。自分が大切にしたい人に、優しいだけで十分だと思います。性同一性に限らず、悩みの無い人はいません。誰もが様々な悩みを抱えています。

しんどい時は休みながら、焦ることなく着実に前へ進む努力をする。時に人は、悩みにのまれ、解決しようとする思考を失います。だからこそ歩みは大きくなくていいのです。どうしようもなく辛いときは人に頼りましょう。助けて！　ということも、解決しようとする重要な一歩です。一人で抱え込まないでください。どうせだれも助けてくれないと思う人は、助けてと言えない人。私も言えなかった。勇気をもって助けを求めてください。差し伸べた手を、取ってくれる人がいるはずですよ。

私自身、まだまだ多くの苦悩を抱えています。声はガラガラだし、食欲旺盛でおなか出るし。もはや変える気はないですが(笑)。自分の願いを一〇〇パーセント叶えることは、とても難しいことです。ですが、願いに近づくことは、本人の努力と熱情です。目標、理想、夢は、頑張ったら叶うんです。

協賛金を募って上映会準備に奔走

その後も、「ダイバーシティこおりやま」は、様々な角度から多様性を考えるために講師を招いて、ダイバーシティナイトin郡山やダイバーシティ交流会を開催してきました。

二〇一八年五月に福島県立医大教授の藤野美都子さんを招いて、男女平等を考えるために、フランスのパリテ法（loi parite）について取り上げたときは、偶然にも日本版パリテ法といわれる「政治分野における男女共同参画の推進に関する法律」（各政党に努力義務として男女同数の候補者擁立を求める法律）が同月中に制定されるという絶妙なタイミングの開催となり、多くの方の関心を集めることができました。

産婦人科医で、市内の小中学校の性教育に尽力している櫻井秀先生には、思春期における性教育の重要性や性の多様性について、ダイバーシティナイトやダイバーシティ交流会でお話いただき、多様な性を早い段階で学ぶことの大切さや、一定の考え方を押し付けるのではなく、大人でも子どもでも相手を人として尊重することについて、学ぶことができました。

命の尊さをテーマに、ルワンダ出身の永遠瑠《トワリ》マリールイズさんを招いて講演会も開催しました。民族間の紛争で勃発した内戦で厳しい暮らしを強いられ、難民収容所から生還したお話に、違いを認め合うことの大切さを改めて認識しただけでなく、直輸入のフェアトレードコーヒーを通して、日頃の消費行動について考えることができました。

さらには、マリールイズさんの発案で、参加者全員が輪になって、質疑応答ではなく、みんなで語り合うダイバーシティトークで盛り上がりました。

こうして様々な活動が広がっていくと、団体のウェブサイトに匿名の相談メールが届くようになっていました。なかには、中学生くらいの幼い文章のものもあり、その多くが、自身の性別に違和を感じていること、それを誰にも打ち明けることができないというものでした。将来、貯金して、性別適合手術を受けるつもりだというものもありました。

メールの一通一通から、セクシュアリティに何らかの悩みを抱えながらも、性の多様性を学ぶ機会がなく、インターネットなどで情報を集めている姿が目に浮かびました。もしかすると、メンバーの優さんがそうであったように、仕草などでイジメの対象になっている人も

マリールイズさんとの
ダイバーシティトーク

参加者がマリールイズさんを囲んで大きな輪に

いるのではないか、そんな心配もありました。

　そこで、これまでは大人を対象とした活動ばかりでしたが、中学生くらいの段階で正しい知識に触れる機会はつくれないだろうかと考えるようになりました。そんな時、ラジオパーソナリティの小林恵さんが、一般社団法人get in touchがクラウドファンディングで資金を集め、性の多様性をテーマに制作した映画「私はワタシ～over the rainbow～」の話を教えてくれました。「郡山でも上映できたらいいのにね」の一言に閃いた私は、早速、団体にアプローチしてみました。

　資料を事前確認してみると、この映

画は、様々なセクシュアルマイノリティ当事者の声を集めた九〇分のドキュメンタリー映画で、著名人の出演もあり、この件に関心のある人もそうでない人にも訴えるものがあるのではないかと感じました。この映画を上映することで、性の多様性を伝え、誰もが自分らしくあっていいというメッセージそのもので、冒頭には、「LGBTとは何か」という解説もついており、性に悩む中学生にも正しい情報を提供でき、悩みを解決するヒントにもなるのではないかと考えたのです。私が次に開催するのは、無料の映画上映会だ！　と確信しました。

問い合わせしてみると、映画を上映するには、一般社団法人 get in touch に事前に来場者数に応じた利用料を振り込む必要がありました。そして、中学生でも自分の意思で来れるような場所で映画上映できる会場を借りるとなると会場費も馬鹿にできない金額になりますし、開催を周知するためにはポスターも必要で、私が自分の中で社会貢献に充てようと決めているお小遣いの範囲を超えていることが分かりました。

そこで、「ダイバーシティこおりやま」として初めて、協賛金を募ることにしました。協賛金を提供してくれた方には、映画上映会の席を提供し、ポスターに名前を掲載するというリターンも考えました。そして、サポーターの皆様をはじめ、友人、知人の皆さんに協賛のお願いをしました。この時も、土屋繁之先生が理事長を務める医療法人慈繁会様、櫻井秀先生が院長を務める医療法人櫻井産婦人科様をはじめ、友人、知人、こおりやま女性ネットワーク＊hanaの会で繋がった皆さんから応援をしてもらい、ここでも、人と繋がりという大きな財産のありがたみを実感する機会となりました。

私自身は、実は人見知りで、積極的に人付き合いをするほうではなく、また、人に何かをお願いするのが得意ではないのですが、それでも、これほどに応援してくださる方がいることを有難く感じています。市民活動をしていると、資金面で応援が必要な場面は多々あると思います。それほど大きな金額でなければ、クラウドファンディングまでやらなくても、こうした方法でも十分に対応できるので試してみる価値はあると思います。

無事に開催費用を確保し、ゴールデンウィークの上映会開催を決めると、告知のための詳細を決定するのですが、ダイバーシティ講演会の際、予約対応に追われたことを思い出し、上映会は、事前予約制とはせずに当日の先着順にすることにしました。どうしても席を確保したい方のために、開催二時間前に整理券も配布することにしました。

そして、早速、協賛していただいた方のロゴマークなどを掲載したポスターをデザインして、A2サイズで印刷しました。費用を最小限にするため、ウェブで入稿する印刷業者に発注し、三〇〇枚を確保しました。

協賛してくれた人をはじめ知人などにもポスターの掲示をお願いし、また、メンバーにも掲示の協力依頼をしましたが、肝心の中学生にどう届けるかということが課題となりました。

市の後援を受けるとポスター掲示してもらえる場所は増えますが、その申請事務の負担を考え、後援なしで臨むことにしました。たとえ、市の後援があったとしても、各学校まで配布される保証もありませんでしたから、仕事と家庭と団体活動のバランスをとるために、可能な限り、省力化したかったのです。メンバーの誰かに頼むという選択肢もないわけではありませんが、それぞれ仕事や家庭とのバランスを保ちながらの活動のため、負担を増やしたくはありませんでした。

そこで、地元医師会の事務局に相談してみました。医師会主催の会議には、中学校の保健の先生たちが参加されており、性教育について議論する場があったので、映画の上映会開催を紹介させていただくことができるのではないかと考えたのです。医師会の事務局長は、かつての上司であったため、とても親身になって話をきいてくれ、医師会として、教育委員会を通して中学校に配布する方法を提案してくれました。そして、早速、教育委員会からも配布のご了承をいただき、無事にすべての中学校にポスターを配布するルートを確保することができました。

ポスターが完成し、職場にもっていくと、朝の始業前やお昼休みに、同僚がポスターを一つずつ丸める作業を手伝ってくれ、依頼文とともに教育委員会にも届けることができました。

失敗だけど、失敗じゃない

順調に準備が進んだかのように見えた上映会でしたが、当日、大失敗だということが分かりました。整理券を受け取りにきてくれたのは、わずか一〇名ほどで、先着順で五〇名とした会場の半分以上が空席となってしまいました。会場は、市の視聴覚センターの上映室で一〇〇名を収容する広さでしたから、なおさら閑散としてしまいました。

後になって、先着順だから行っても間に合わないだろうと諦めたといったご連絡も複数いただき、自分の手間を惜しんだ結果、より多くの人に観てもらうための上映会を、空席ばかりにしてしまったことに気付きました。事前予約の手間を惜しんだ私の判断が、明らかに失敗の要因であったと思います。

映画の上映後には、当事者として登壇してくれた芳賀裕希さんとステージ上で映画の内容を振り返りながら、ダイバーシティトークをしました。芳賀裕希さんは、自身の性別に違和のある当事者が、成長の過程で、学校や家庭、社会生活で、どのような思いを抱くのか、どんな経験をするのかを具体的に話してくれました。多くの事柄が性別で分けられることの多い学校生活で、固定的性別役割分担意識など伝統的価値観を重んじる家庭や社会の中で、どんな困難があるのかをシンプルな言葉で伝えてくれたのですが、やはり当事者の声というのは、私のようなアライの発信の何倍も他者の心に響くパワーがあると実感しました。

　私の力不足で空席ばかりになってしまったことが口惜しく、とても残念でしたが、私は、そうした思いを率直にお話しして、少ない参加者ながらも、皆さんが性の多様性について知る必要性をより多くの人に伝えてもらうことで、確実に輪が広がっていってほしいとの願いを込めて、お話をしました。

　このように大失敗となってしまった上映会でしたが、悪いことばかりではありませんでした。上映後の休憩時間を利用して、参加者の皆さんから映画の感想やご意見を紙にかいてもらい、ダイバーシティトークで紹介したのですが、少ない人数だからこそ、一体感のあるとても温かい場となりました。

　映画を観てくださった皆さんのコメントは、「性の多様性をはじめてしっかり学ぶことができて、寄り添えるような人になりたいと思った」、「多様性を意識することで、無意識に人を傷つけることがなくなると思う」、「声に出せない人がいる現実が、少しでも変わるようになることを願う」、「誰かのために自分たちに今日からできることを教えてほしい」と、その一つ一つの感想が優しさに満ちていて、多様性を尊重するための学びの場に相応しいものばかりで、まさに「微力は無力じゃない」と思えた瞬間でした。

また、上映会に集まってくれたボランティアはみな四〇代以上で、音響機器の操作ができない素人集団でしたが、当日運営で手伝いに来てくれた一人娘の成長を知ることもできました。映画をスクリーンで映し出し、音響を調節するという大切な役割を、すべて責任もってやってくれる姿は、とても頼もしく、上映以外にも気を配る姿を目にして、一人の母として幸せを感じる機会にもなりました。

上映会終了後には、自身の性別に違和を感じ、ホルモン治療を受けているという高校生がお父さんとともに声をかけてくれました。映画を観て、自分だけじゃないと思えたこと、性別適合手術を受けて笑顔で出演していた女性が自分にとってのロールモデルになったこと、お父さんが映画を観ながら涙していたことなどを話してくれて、いつの日か再会しましょうと約束しました。

このように、手作りの小さな上映会ではありましたが、やらないよりは、ずっといい、やはりやって良かった！　と、満足できるものでした。そして、協賛者にお礼とお詫びのご連絡をすると、大きな励ましとさらなる支援の申し出もいただきました。限られた人的資源で活動をしていると、思わぬ失敗もありますが、そうした経験こそが、次への活力になるような気がしています。ですから、私は思うのです。「失敗だけど、失敗じゃない」と。

そして、本当に失敗で終わったわけではありませんでした。上映会のあと、映画を観に来てくれていた障がい者バスケットボールチーム「レインボーズ」の今泉祥子さんが、「私はワタシ～over the rainbow～」の学校向け教材を郡山市内の中学校に配布したいと言ってくれたのです。学校現場において、性の多様性に悩む学生は確実にいるものの、まだまだ理解が進んでいない現状があるという問題意識を持っていたため、学校向け教材があることを勤務先の総合教育支援センター内で話し合ったところ、上司も賛同してくれたということでした。ここでも、子どもたちのために行動する「カッコいい大人」との出会いがミラクルに繋がりました。

「ダイバーシティこおりやま」が上映会を開催するためには上映費用が必要ですが、教育委員会が申請すると無料提供を受けることができるので、早速、製作者であるget in touch事務局と市総合教育支援センターを繋ぎ、必要な手続きを行いました。上映会のポスター配布は医師会という影響力のある団体の協力があったからこそ実現できたと感じていましたので、そうした外圧によらず、内部だけでＤＶＤ配布まで漕ぎつけるには相当の苦労があったのではないかと思いますが、学校の先生たちと信頼関係のある教育支援センターが主体的に動いたからこそ、私にはできなかった市内の中学生に性の多様性を知ってもらうというミッションを大きく上回る形で果たすことができたのだと思います。

当事者の声だけではなく、性の多様性について丁寧な説明のあるＤＶＤは、学校の保健体育や総合学習などで、繰り返し、必要な情報を届けてくれることとなりますから、性に悩む当事者にとって、一度の上映会を満席にするよりも大きな力になっていると思います。

イベント出展でファミリー層にアピール

新たな展開も生まれました。上映会に協賛社としていらしてくださっていた医療法人慈繁会法人事務局長の土屋繁太郎さんから、「法人主催の秋祭りに参加しないか」と声をかけてもらったのです。性の多様性について、知ってもらう機会にできたらいいなと、レインボーネイルの無料体験とレインボーカフェをやることにしました。

人は、何かをしながらのほうが話しやすいと学んだことがあったので、ネイルをやっている間は、性の多様性についてお話する時間にできるかなと思い、レインボーカラーのストーンを用意しました。また、レインボーカフェでは、レインボーカラーのベーグルを外注し、ドリンクとともに販売することにしました（カバー写真裏・下）。

費用は、ダイバーシティ講演会の協賛金の残金と私のお小遣いから捻出しました。また、カフェ内には、私が購入した性の多様性に関する本をたくさん置いて、気軽に手に取ってもらえるようにしました。

お客様がたくさんいらしたときのために、メンバーや交流会参加者などのほか、ボランティアスタッフとして、当事者や障がい者バスケットボールチーム「レインボーズ」の皆さんにも協力を募りました。

当日は、快晴でイベント日和でした。ボランティアは、アルバイトなどとは違って断りやすいのかドタキャンなどもよくあることで、当日を迎えるまでは何人集まるかが分からずドキドキするのですが、無事六名のボランティアが集まりました。

飲食店でアルバイトをしているボランティアスタッフは、ドリンクコーナーを切り盛りしてくれ、「レインボーズ」のみんなは会場設営や情報拡散のためのSNSに協力してくれました。事前にチラシで告知されていたため、レインボーネイルには、お子さんを中心にたくさんの希望者が来場し、常に待っている方がいる状態の大人気コーナーとなりました。

ネイルは、もともと私の趣味で、友人などにもすることがあるのですが、小さな子どもの爪にストーンを乗せるのはなかなか大変でした。

待っている子どもたちは、レインボーネイルに興味津々で、施術中の子の手元をのぞき込みにきます。子どもの爪は小さいので、見本のように七色のストーンを配置することができず、三つから四つのストーンを選んでもらって爪に乗せると、みんな目をキラキラと輝かせてくれます。

多くは女の子でしたが、中には、見た目は男の子もいました。「好きな色を選んでいいんだよ」と話すと、ピンクと白とグリーンを選んで、出来上がった爪を嬉しそうに眺めている子どももいて、「男の子だからこう、女の子だからこうということはないんだよ。」と伝えることもできました。

ネイルができるのが私一人なのに対し、次から次へと子どもたちがやってきたため、ゆっくりと性の多様性について話すといった雰囲気にはなりませんでしたが、保護者には用意していた団体のチラシを配って読んでいただくことにしました。また、三世代でレインボーネイルの体験を申し込んでくれた方もいました。おばあちゃん、お母さん、娘さんと、それぞれに好きな色を選んで、仕上がりを見せあう姿は、とても微笑ましく、性の多様性を知っていただくという当初の目的とはかけ離れてしまった部分もありましたが、人に喜んでもらうことが私は純粋に好きなのだなと実感する機会となりました。

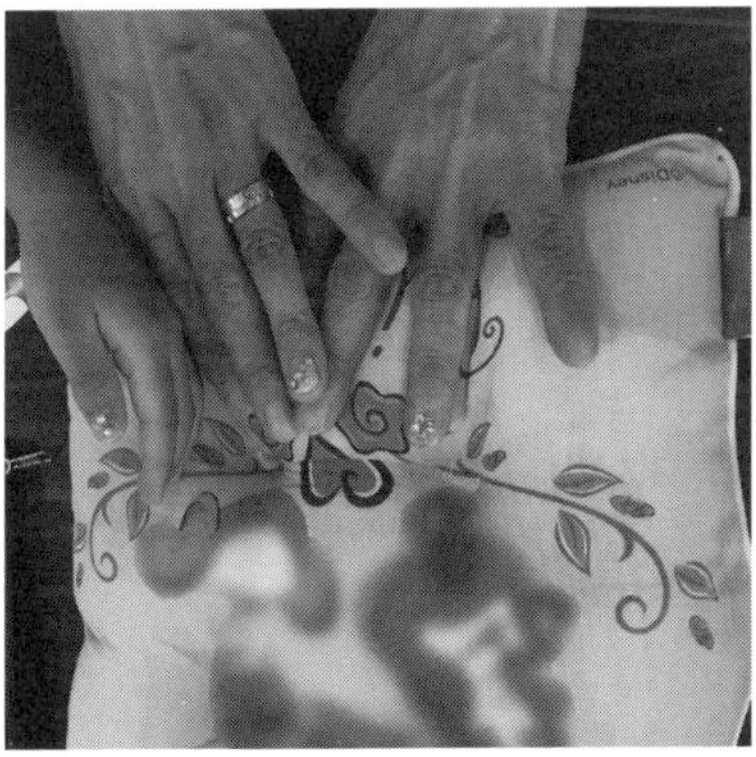

医療法人慈繁会秋祭り　爪先をレインボーに！　三世代でネイル

この時、ひとつ嬉しいサプライズがありました。夫が私の大好きなケーキ屋さんのシュークリームを差し入れしてくれたのです。平日は仕事をしている私たち夫婦にとって、家族の時間でもある休日に、外に飛び出す妻をどのような思いで見ているのか気になりつつ活動を続けていた私にとって、遠回しだけれど応援してくれているんだなとほんわか心が温かくなりました。

こんなプライベートなこと、市民活動と関係ないじゃない？　と思う方もいるかもしれませんが、地域でボランティア活動にあたるということは、見方を変えれば、家事や家族との時間を減らすことになります。独身であれば、いつ、何をするかは、自分一人で決めることも当たり前かもしれませんが、家族がいればそうもいきません。仕事であれば、家族を経済的に支える活動として歓迎されるものですが、ボランティアはそうはいかない面もあります。

特に地方では、「また出かけるのか、どこに出かけるのか」と家族から詰め寄られるから外出しにくいなど、バランスをとりながらでないと活動しにくいという声をよく耳にします。だからこそ、市民活動を続けていくためには、家族の理解や応援は、活動する本人にとって、社会的な要素であり、とても大切なことなのです。

当事者とアライの居場所「にじいろサロン」

この頃（二〇一九年夏頃）、私には、ポツポツと講演依頼をいただくことが増えていました。ウェブサイトのお問い合わせフォームからであったり、直接の知り合いであったりと様々です。日本郵政グループの労働組合の研修会講師として招いてくださったのが、伊藤昭子さんです。まずは、お会いして話をしたいとのことで、お昼休みにお会いしました。そして、研修開催への思いをお聞きし、無料での出前講座をお引き受けすることにしました。

••••••••••••••••••••••••••••••••

ダイバーシティこおりやまとの出会い

伊藤昭子

私が「ダイバーシティこおりやま」を知るきっかけとなったのは、二〇一九年夏、所属する労働組合の企画会議でのことでした。この年、私の勤める会社では労働組合の働きかけによって同性パートナーへの特別休暇が認められました。これまでの特別休暇と同様に取得できるようになったものの、制度を利用した社員はまだおらず、せっかくの制度が生かされないままになってしまうことから、制度を利用する当事者さんのためにも理解者になってもらおうと思い、性の多様性についてセミナーを企画することになりました。

以前から外部機関で性の多様性に関するセミナーに参加していましたが、どれも「LGBTとは?」といった内容ばかりで、当事者さんの気持ちが見えてこず、なかなか性の多様性、同性パートナーについて理解者となるのは難しいなと感じていました。

当時のメディアでは性の多様性、同性婚について話題になり始め、ドキュメンタリーが頻繁に放送されるようになり、世間に広く知られるようになりましたが、私の周りではまだまだ男らしさ、女らしさといった「性」を強要するような人も一定数いました。最近ではカムアウトしたタレントが心無い言葉によって自死したことが記憶に新しいですが、この日本では、少数派は生きにくいなと改めて感じました。

実際に私も小さいころから、容姿やしぐさが女性らしくふるまうことはできず、「もっと女らしくしなさい」などと言われて苦しんできたので、カムフラージュと言っては語弊がありますが、結婚出産をし、子どもが二人います。子ども二人に恵まれたことはよ

日本郵政グループ労組「2019 年度 JP 労組福島連協　女性フォーラム 第 11 回定期総会・セミナー」での講演

かったと思います。ただ、私が子どもの「お母さん」であること、「お母さん」と呼ばれることが嫌だなと感じる時があります。こんな時、もっと早くに阿部のり子さんに会っていたら今頃どうなっていたかなと思う時があります。いまを変えることはできませんが、今後は自分らしく生きていこうと思います。

企画会議で「ダイバーシティこおりやま」がネット検索で引っかからなければ、代表の阿部のり子さんと今でも出会えなかったと思います。労働組合でのセミナー以降ものり子さんに誘われて何度かイベントに参加させてもらいましたが、とても居心地がいいです。ここにいる時間は自分らしくしていい場所だし、誰もうるさく言わない。のり子さんの一つ一つの言葉に説得力があり、物事をはっきりと話してくれること、のり子さんの人柄すべてにおいて安心感があります。自称「おせっかいおばさん」ですが、いやらしくない「おせっかい」が気持ちいいです。

恋愛において、誰もがそのときの対象が異性でも同性でもいい。また、たまたま好きになった人が同性だったということがあってもいい。皆さんもどうか他人事とは思わず、少しでも向き合っていただけたらと思います。そして、のり子さんが教えてくれた、「みんな違って当たり前」が浸透し、いつか当たり前のように「多様性が認め合える」日本になってくれることを願っています。

……………………………

こうした出前講座での出会いから、次の講演依頼が舞い込んでくることがよくあります。その一つが、スクールソーシャルワーカー協会の市民講座でした。事務局をなさっている岡部睦子さんが、別団体での私の講演を聞きに来ていて、「自分たちの団体でも講演してほしい」と依頼がありました。学校現場と繋がっている方々に性の多様性を知ってもらえる機会は、私にとっても願ってもない機会ですから、二つ返事で承諾しました。

スクールソーシャルワーカーとして、学校で悩みを抱える児童生徒と関わる皆さんにとって、性の多様性の問題は避けては通れない問題であると会場とオンラインで二〇名近くの参加がありました。講演後の質疑応答で、保育士として働く人から、性の多様性を伝える絵本がないかと質問があり、同性愛や性同一性を扱う子ども向けの絵本を数冊ご案内しました。早い段階で、自然な情報として性の多様性について触れることができるようになるのは、とても素敵なことだと思います。

その講演会の終了後、岡部さんが主宰している「まちなか広場Perch（パーチ）」とダイバーシティこおりやまとがコラボレーションできないかとお誘いがありました。

当時、コロナ禍で「ダイバーシティこおりやま」としてはイベント開催ができなくなっていたこともあり、当事者の居場所づくりの一つにしようと「にじいろサロン」を発案しました。当事者さんや当事者のご家族から、つながる場が欲しいとの声を何度もいただき、二〇二〇年に一度開催した際には、市内外から当事者さんが親御さんと参加してくれたり、当事者さん同士で誘い合って参加してくれたりしました。それぞれが、互いの立場で話し合い、ときに誰かを代弁し、理解しようとする温かな場となり、もう一度、そんな場ができればいいなと考えたのです。そして、三か月に一度とはいえ、みんなが安心して自由に過ごせるサロンにしたいなと思いました。

フライヤーは、岡部さんがデザインしてくれたものに、私の希望でレインボーカラーを加えて完成しました。岡部さんからは「お金を出し合って共通のお財布をつくりましょう」と言われましたが、形に捕らわれると自由に活動ができないので、特に予算をもたずにやることにして、フライヤーも印刷せず、SNSで告知することにしました。

参加資格は、当事者、当事者、当事者家族のほかに、アライ（理解者）も対象としました。それは、当事者の方に安心して参加してほしかったからです。特に性の多様性について悩みを抱える人は、自分が当事者であると知られたくないと考える人が多く、仕事や学校で、ずっと緊張していると打ち明けてくれたことがあるので、当事者と当事者家族に限定すると、自分のことを知られるのが怖くて参加できないという人もいるのではないかと考えたからです。

そして、当事者の方に、もし、誰かに聞かれて困っても「私はアライなの」と答えればいいんだから安心して参加してねと伝えました。以降、「にじいろサロン」は、三か月に一度、今はオンラインを中心としながらも開催しています。オンライン開催では、その利点を生かして、遠く九州や千葉など県外からの参加もあり、性の多様性やジェンダーについて考える場となっています。

第6章　つながりを活かしフードパントリーをはじめる

私にできることは？

初回の「にじいろサロン」を二〇二一年三月五日に開催すると決めてから、私には、全く違うアイディアが浮かんできました。

それは、私が債権回収の仕事を通して出会った生活に困窮する人々に何か支援できることはないかというものです。コロナ禍は、不安定な職業に就いている弱い人をより弱くしていました。一人一〇万円の給付金はあっという間に生活費に消え、日々の暮らしに困っている人がたくさんおり、福祉部門につないでも様々な事情から支援には結びつかない人が多くいました。

事情は様々ですが、特に気になったのは、障害者手帳は所持しないものの物事の理解力が十分ではなく、支援を受けるための複雑な事務ができない、あるいは発達の偏りなどで面倒なことを後回しにしてしまって手続が進まない人々のことです。

理解力が十分でない、あるいは、定型発達ではないことが様々な生きづらさの要因となっており、結果的に仕事が長続きしないなど安定した社会生活を営むことができない人や、金銭管理が不得意で食べることにさえ窮してしまう人、人間関係がうまくいかずに誰にも頼ることができずに苦しんでいる人もいました。

生活を安定させるためには周囲からの支援が必要なことは明らかなのに、公的支援を受けることができず、生きづらさを抱えながらも必死で生きている人々に接し、私にできることはないのだろうかと、いつも心のどこかで考えていました。中には、生活困窮でお子さんに学校を退学させてしまったお母さんや、食パンと牛乳で一週間を過ごすという人さえもいましたが、そのどちらも生活保護などの支援を受けようとはせず、全体の奉仕者として、歯がゆい思いをしていました。

一方、私は、二〇一一年の東日本大震災で食料品が手に入らずに苦労した経験から、常に食料品を多めに購入して保存するのが習慣となっていて、さらに、コロナ禍でまとめ買いが増えたことで拍車がかかり、ついつい賞味期限内に消費するのを忘れて処分することも少なくなかったのです。

そこで、賞味期限よりも早めに保存食品を入れ替えて、日々の暮らしに困っている方に利用していただけたら、喜んでもらえるのではないかと考えました。折しも、テレビではSDGsでフードロス削減が叫ばれていたので、友人、知人の皆さんにもお声掛けして集めれば、必要とする人々に無料配布できるのではないかというちょっと壮大なアイディアが浮かんだのです。

幸運なことに「にじいろサロン」の会場は、郡山市子ども食堂ネットワークにも加盟している子ども食堂ですから、生活困窮している人が子ども食堂と繋がる機会にもなるのではないかと考えました。早速、会場を提供していただく岡部さんに、「にじいろサロン」開催日の午前中も会場を使わせていただきたいとお願いすると、「お手伝いしますよ」と快諾してくれました。

継続することの大切さ

まちなか広場Perch　代表　岡部睦子

私とダイバーシティこおりやまさんの出会いは二〇一九年の五月に映画「私はワタシ～over the rainbow～」の上映をダイバーシティこおりやまさんの主催で行ったことをきっかけにはじまりました。映画はゲイ、レズビアン、トランスジェンダー、無性などさまざまなセクシュアルマイノリティが登場し、有名人、社会運動にかかわってきた活動家など、多様な立場の人が、自分自身のこと、悩みや葛藤、社会の偏見や軋轢、生きづらさ、人権、愛などそれぞれの想いを語り、家族の声などリアルな証言が盛り込まれたドキュメンタリー映画でした。

当時の私は性の多様性について理解していると思ってはいるものの、自主的に何かができるとは思っていなかったように思います。しかし、映画をきっかけに、性の多様性についてダイバーシティこおりやまさんが真摯に取り組んでいることを知り、こんな身近に窓口があったことを知った衝撃は私の中で、いつかきちんと話をしたいなという想いとして残っていました。

私は福祉系の大学と高齢・障害の分野を経て、現在は児童分野のソーシャルワーカーとして働いています。子どもの問題にかかわっていると、社会構造的な問題や大人の困難で子どもがつらい思いをしたり、困ったりする場面に出会います。仕事をする上で、組織に所属して対象となる子どもに適切な支援をしていく中で子どもの生活を皆で支えられるよう努めています。

しかし、一方で支援の対象者から外れてしまい、困難は変わっていないのに関りが途切れ、様々な理由で支援を届けられない人がいることを何とかできないかなと思っていました。そんな思いを実現すべく二〇二〇年の三月に「様々な人との交流を通じて、支え合い、学び合うみんなの止まり木」をコンセプトに「まちなか広場 Perch（パーチ）」という非営利の任意団体を立ち上げました。だれでも来られる居場所として毎週木曜に食事付きの居場所を開設することを軸に民間の福祉拠点として、社会的包摂ができる場として活動をしています。インクルージョンやダイバーシティという中に性の問題も含めて考えられたのは先程の映画で学んだことも活かされています。

その後、二〇二〇年の一二月に所属している団体で、市民講座をする際に多様性をテーマに話を聞きたいと議論になった際に、真っ先に思い浮かんだのがダイバーシティこおりやまさんでした。講演では阿部のり子さんの熱い思いや、性の多様性ばかりではなく皆が少し手を伸ばしてお互いを理解することの大切さ、支援者の無関心がいかに当事者の方の生きにくさにつながっているかなどについて考えさせられました。どこか、障がいのようにとらえていた性の多様性はのり子さんのお話を聞く中で、完璧な誤りで今までの私の態度は無知による無関心だったと深く反省したことを覚えています。知識ばかりでは到底わかりえなかった当事者の方のリアルがそこにはありました。

講演の後のお礼を兼ねてお話をしていた際、「多様性の尊重」という視点でダイバーシティこおりやまさんとまちなか広場Perchとの共通点を感じた私は、さっそくのり子さんへその提案を形にできないか相談しました。

そこで生まれたのが「にじいろサロン」です。当事者とアライの方限定にすることで、なかなか悩みを話せない方や迷っている方も参加しやすいようにしました。いつでも出入り自由で話すことについても選択権がある場を作りたいという想いが一致して大きな企画や講演などはせず、時間内に来た方との話をする場です。

「にじいろサロン」を企画した二〇二一年三月はおりしも新型コロナウイルスが猛威をふるって久しい折でした。のり子さんから、コロナ禍で生活困窮を感じている方へのフードパントリーも一緒に行いたいとお申し出をいただき、お手伝いをすることにしました。「居場所づくりを一緒にやりませんか?」と言ってから実現までの期間は約三か月。結果として、フードパントリーではたくさんの方からのご支援のもと、二〇世帯以上の方に食料を配布し、午後のサロンではそれぞれの思いを聞く温かい場を作れるのり子さんのパワフルさには驚かされました。

第一回の「にじいろサロン」が終わり感じたことは、「継続すること」の大切さでした。たった一回の開催では都合が悪くて来ることができない人もいるかもしれませんし、勇気がなくて来ることができない人もいるかもしれません。そんな人に向けて、いつでもその機会が保証されていることが大切だと思うとのり子さんへ伝えたところ、「続けましょう」と力強い言葉をいただきました。かくして、「にじいろサロン」はダイバーシティこおりやまさんとまちなか広場Perchの共同開催事業として継続して開催されています。

性の悩みや語る場を必要としている多くの人にとっては、ささやかな場かもしれません。けれど、今後も灯を絶やさないことで、いつかそれを目印に一人でも多くの方の思いを受け止められる場にしたいと思っています。そして、多様性を認め合える社会づくりに少しでも貢献していけたらと思います。

はじめてのフードパントリーで集まってくださったボランティアの皆さんと

会場が手配できれば、次は人！　です。前述のとおりボランティア活動で、実は一番苦労するのが、ボランティアスタッフが当日になるまで何人集まってくれるか分からない点です。いくら事前に頼んでおいても、仕事ではないから、他の用事ができた、体調が万全ではないなど、中には何ら連絡なくドタキャンということさえもあります。

そこで、確実に来てくれるであろう家族と友人、そして、一緒にラジオ番組をやっている恵さんに協力してほしいとお願いしました。以降は、大学の非常勤講師として出講した際に、学生さんにボランティアを呼びかけるなどして、協力を求めています。

幸い、会場は郡山駅から歩いていける場所であり、広く告知すれば、いろんな方にご利用いただくことができると思ったので、またもや告知は、リビング新聞編集長の鈴木朱美さんにお願いしてタウン誌に掲載していただきました。また、地元新聞の福島民報社にも告知記事のお願いをして、取り上げてもらいました。

そして、最も大切なのは、いらした方に配布できる品物を集めることです。生理の貧困が問題になっていたので、食料品だけでなく日用品も集めることにしました。当然ながら、私一人で寄付できる量はわずかですから、皆さんの協力なくしては実現できません。真っ先に、私のFacebookで、率直な思いを投稿しました。

【皆さんへのお願い】

上野千鶴子氏の東大入学式祝辞の一部を覚えていらっしゃるでしょうか?

『あなたたちのがんばりを、どうぞ自分が勝ち抜くためだけに使わないでください。恵まれた環境と恵まれた能力とを、恵まれないひとびとを貶めるためにではなく、そういうひとびとを助けるために使ってください。』

私は、経済的な苦労もなく育ち、暮らしていくための収入を得られる仕事をもち、きっと恵まれている方なので、僅かながら、誰かのために行動する力を持つことができています。

日本は、自分の力を自分が勝ち抜くためだけにつかっている人が多く、世界一冷たい国だと指摘する方もいらっしゃいますが、幸いなことに、私の友人や知人の皆さんは、そうではなく、私以上に他者への思いや力をお持ちの方々が沢山いらっしゃいます。けれど、様々な理由で、自ら行動するまでは時間がない、精神的な余裕がない……という方も多いと思います。そこで、皆さんのご家庭にある生活用品（新品に限る）や食料品をご寄付いただけませんか？　もちろん私も寄付します。ご連絡いただければ市内は取りに伺います。郵送も大歓迎です。私たちが暮らす郡山にも、長引くコロナ禍で仕事が減り、日々の暮らしが大変になってしまった方々がいます。ご存知のとおり、コロナ禍は、一番、弱い立場にある方に大きな打撃を与えているのです。
3月6日（土）のにじいろサロンと同時開催で、そうした方々に生活物資を無料配布します。様々な支援団体さんにも情報提供して、多くの方に届けたいと思っています。
私にできることは、ほんの少しです。ですから、皆さんのお力を貸してください☆
そして、今日も一歩前へ進んでいきたいと思います。

小さな一歩が、大きな一歩に

この投稿をして、数日後、見ず知らずの方からも寄付の申し出がありました。その一つが、会津の佐藤昭子さんです。かえでから抽出したメープルサイダー二箱とお粥の缶詰を二箱とたくさんの寄付をいただきました。

また、「こおりやま女性ネットワーク＊hana の会」のグループラインにも寄付依頼のコメントを投稿しました。私の投稿に一番に反応して、良い流れをつくってくれたのが、リビング新聞編集長の鈴木朱美さんです。朱美さんが「寄付します」とコメントすると、次々に寄付を申し出る人が現れました。

日本人はいくら経済的に恵まれていても、誰かと分け合うことができないという方は少なくありません。欧米のように寄付が文化として馴染んでいないことや、「自助」という意識が強いということもあると思います。不思議なことに新生hana の会に移行後も参加していただいている人の多くは、フードパントリーの協力者です。やはり志を共有できる方との絆は強いのかもしれません。

hana の会で寄付を申し出てくれた人の中には、ご友人やお知り合いに声をかけてくれた人もいました。そのお一人が、笹の川酒造の小林敏子さんです。小林敏子さんは、笹の川酒造の杜氏さんで、結婚後、日本酒づくりを一から学んだ努力家の女性です。二〇二一年には、世界ワインコンクール「フェミナリエ」で金賞を受賞され、多忙を極めるにもかかわらず、お米や自社製品のお煎餅、乾麺や調味料のほか、ビール券や地元スーパーの商品券も寄付してくれました。それも、私が寄付者の家や勤務先を一軒一軒まわるため、その集荷の負担を気遣ってくれて、ご夫妻で私の実家まで運んでくれたのです。

敏子さんから寄付された金券のうち、ビール券はドラッグストアで子ども用のジュースに引き換えて配布することにして、商品券は、生活状況を聞き取り、困窮度の高い方にだけ、そっとお渡しすることにしました。

また、活動に役立ててほしいと金銭を寄付してくださる方もいます。仕事で関わった方や大学の先輩など、温かな支援の手を差しのべてくれる人の存在は、この活動の大きな原動力です。

さらには、職場を巻き込んで寄付を募ってくれた方もいました。鈴木朱美さんはこれまで何度もお名前が出てくるとおり、要所要所で私を助けてくれる大切な友人です。大変なときも笑顔を絶やさず輝き続ける彼女は、社内でも信頼を集めているのでしょう。会社の同僚に声をかけてくれて、さらに関係先の企業などの協力も取り付けて、大量の寄付を集めてくれました。

リビング新聞とダイバーシティこおりやま

福島リビング新聞編集長　鈴木朱美

私は、こおりやま女性ネットワーク「hana の会」へ入会したのを機に阿部のり子さん（以下、のり子さん）と出会いました。一気に距離が縮まったのは、「hana の会」のいつかの例会で、のり子さんが「最近、どう？」と、声を掛けてくれたことです。ちょうどその頃は突然の人事異動で、二〇年務めた編集の仕事から全く経験のない営業部への配属が決まった時。不安に思っていることを理解し、励ましてくれたお陰で前向きになることができたのです。

その時感じたのは、のり子さんの的確な言葉のチョイスと距離感の素晴らしさ。「傾聴」と「寄り添い」。これはのり子さんの人柄や人間力だからこそ成し得るのだと今でこそ理解できますが、その日の私はライター魂に火が付き、質問の嵐で情報収集。のり子さんが大学時代に法律を学んでいたこと、お昼休みに自主勉強会「法務deランチ」を自主企画していること、市役所に入庁する前はイベント関係の仕事をしていたことなど。次々に投げかける質問にも包み隠さず丁寧に答えてくれる姿勢に、同世代でありながら視野が広く、何歩も先行く行動力に、一気に惹かれていったのを覚えています。

のり子さんの社会活動を知ることになったのは、私が発行責任者を務める生活情報紙「リビング郡山」への告知依頼がきっかけでした。記事を書いているうちに「私も参加してみたい！」と、「ダイバーシティこおりやま」のダイバーシティナイトin郡山、その後の「フードパントリー」に関わらせていただくことになりました。「ダイバーシティ??」「フードパントリー??」。お恥ずかしながら、どちらも参加前にこっそり「検索」しないと言葉の意味すら理解していない私でしたが、一回、二回……と参加回数を重ねるごとに理解が深まってきたから不思議です。そして自分が得た知識を家族や職場で伝えることにより、さらに一人、二人……と理解者を増やすことに繋がることも体感できました。

活動の素晴らしさを実感したのは、毎週金曜日にわが社にやって来るパンの移動販売員の方が、パンを三個プレゼントしてくれた出来事でした。聞けば、「リビング郡山」の告知を見てのり子さんが主催するフードパントリーに行ってみたところ、想像を超える量の食料品をいただき、その日は家族で豪華な食事が楽しめたそうで、そのお礼とのこと。上の子が浪人生、下の子が小学生。シングルマザーで日々の暮らしに余裕がなく、フードパントリーで得た食料は何日分にも相当し、大変ありがたかったと何度もお礼を言っていました。また、フードパントリーでのり子さんから生活に関するアドバイスをいただけたことで、前を向くことができたと笑顔も見せていました。

今では、多くの社員が自主的にフードパントリー用に商品を集めているほか、就任間もない社長までもが知り合いの大手メーカーに声をかけて商品を集めてくるなど、活動の輪が会社全体に広がっています。

また、こんな出来事もありました。弊社では登録者数約二〇〇〇人のＬＩＮＥ会員がいますが、ある日、別部署に所属する社員が調味料メーカーで、廃棄対象の商品が山積みになっているのを見つけました。まだまだ賞味期限は先なのにもったいない……とつぶやいたところ、「ほしい方がいたら差し上げていいですよ」とのこと。その社員は瞬時に、ダイバーシティこおりやまが主催するフードパントリーを思い出し、車に積めるだけの調味料を持ち帰ってきました。話し合いの結果、フードパントリー用に数箱取り分け、残りをＬＩＮＥ登録会員に無料配布する「リビング版フードパントリー」に初挑戦することになりました。

LINE送信後、一人たった二本の調味料を取りに、続々と来社してきます。「タダでいただけるなんてうれしいわ」、「賞味期限がまだ数ヶ月あるじゃない。もったいないわね」、「いい取り組みね。LINE会員に登録していて良かった」など、口々に気持ちを伝えて帰ります。

いろいろなご意見を頂戴する中で、社員みんなが食品ロスに関心を示せたこと、誰かのために行動できたことなど、さまざまな思いを共有することができました。私も社員も多くの方に幸せをお届けするお手伝いができた貴重な体験となりました。それと同時に、自分たちにできることから支援が始まり、その輪が徐々に広がり、その輪を大きくも強くもできることに自信が持てたのです。

のり子さんの真似事がきっかけで、新しいことにチャレンジできて、ちょっぴりずつ成長できている私たち。のり子さんには、たくさんの気づきをいただいています。

寄付された食品

ダイバーシティこおりやまのフードパントリーをきっかけに、社員の皆さんがフードロス削減に関心をもってくれて、「リビング版フードパントリー」に発展していると知り、私が想像もしていなかった展開が生まれたことが、とても嬉しいです。他にも私たちの活動を契機として郡山市に一〇〇万円もの寄附をしてくれた企業があらわれるなど、私の「小さな一歩」を私と関わってくれた人々が「大きな一歩」にしてくれる、ここに一歩踏み出すことの価値があるのではないかと思っています。

つながる、広がる支援の輪

勤務先の短期大学で、同僚や学生に寄付を募って、そこから、学生さんの自主的な活動に広がった例もあります。

地域貢献への〝解〟探し

桜の聖母短期大学教授　三瓶千香子

私は、桜の聖母短期大学で大学教員をしています。大学教員の仕事は多種多様ですが、その中に入試の面接という業務があります。これはもちろん本学に入学させていいかどうか、いわゆるアドミッションポリシーに見合う学生かどうかを判断する大切な業務ですが、私にとっては今の若者の意識の傾向をキャッチする好機にもなります。「将来はどのような職業に就きたいのか。どのような人物像を理想としているか」といった未来に関する質問に対して、若者が何を思っているかを看取できるからです。

さて、このような場面で肌感覚として非常に増えているなと思うのは「社会貢献ができる人物になりたい」という回答です。高校側で模範解答として指導されているかどうか分かりません。しかし、私自身が担当している「地域形成論」や「福島学」などといった地域を考える科目には非常に多くの学生たちが履修します。もう一〇年以上も担当している科目ですが、私自身が所属している学科の約八割以上の学生が履修していることを鑑みると、「地域に貢献できる人物になりたい」という入学試験の面接のコメントは、模範解答的なものではなく、少なくとも東日本大震災を経験した若者たちのホンネなんだろうとも思います。

興味をそそられるのは、その先です。授業で「社会貢献や地域貢献ができるって何?」と尋ねると、大半の学生たちは返答に窮するのです。つまり「なんとなーく地域に貢献したいけれども、何をしたらいいかは分からない」ということなのです。もちろん地域貢献・社会貢献とは何かという問いに対する正解はどこにもありません。しかし、自らの〝解〟を探せるところに大学での学びの醍醐味があります。

では、自らの「地域貢献・社会貢献とは何か」への〝解〟を見つけるにはどうしたらいいのでしょうか。少なくとも私は地域社会に〝具体的に〟関わることが必要と考えています。理論も重要かもしれませんが、頭でっかちの知識は学生たち個々人の〝解〟発見へは寄与しません。習い事でもアルバイトでもボランティアでもイベントのお手伝いでもいいのです。とにかく異世代の人々とたわいのない会話をし、そこからいかなるニーズや価値観を持っているかを自らキャッチすることが重要でしょう。「だから自分からアクションをせよ」とさんざん学生たちには伝えてきました。

ところが、です。コロナ禍に突入してしまいました。周知のように、コロナ禍によって学生たちの〝学外へのアクション・関わり〟は、思うようにできなくなったという状況に陥ってしまったわけです。学生たちにとっては、授業を通して地域貢献への〝解〟探しのモチベーションがせっかく上がっているのに「多くの人とは話すな。学外活動を積極的にはやるな」と言われているようなものです。

そのような時、私が所属しているhanaの会という郡山の女性たちの勉強会メンバーの阿部のり子さんから、生活困窮者への食料寄付の協力要請が舞い込んできました。子ども食堂を会場にして、無料配布するという活動内容でした。しかし、我が家にある寄付可能な食料は微々たるものです。この協力要請を拡散して、寄付品を拡大化するにはどうしたらいいのかを考えて、私はゼミの学生たちに呼びかけ始めました。コロナ禍で地域貢献活動ができない学生たちには、具体的なアクションの一つになるだろうと思っての呼びかけでした。しばらくしてゼミ学生の一人が「私、ボランティアサークルに所属しているんですが、この食料寄付の件をサークル活動の一環として全学的に動いていいですか？　ポスターを作って学内のあちこちに貼りますし、寄付品の収集場所も大学と交渉しますので」と提案してきたのです。この学生は地域に貢献することとは何かという問いに対して、自分なりの〝解〟を見出したのかもしれないと思う一場面でした。

結果的には、この学生の提案とサークルのおかげで全学的な巻き込みとなり、多数の食料が寄付されることになりました。特筆すべき点は、「授業で習っていたことを具体的な行動にちょっとでも移せて嬉しい」「子ども食堂にいつか何らかの形で協力してみたかった。今回、このようなかかわりができて良かった」「人と人が直接交流することが容易に出来ない状況下にある中で、寄付という行動を通して、こども食堂と短大生の間に関係性を創るきっかけになるのではないかと思います」「私自身も周りの友人もこの寄付することを通じて子ども食堂に関して知るきっかけとなりました」「サークル自体に参加していなくてもボランティアに参加したい学生はいると思うので、誰でも気軽に寄付ができる環境は学生にとっても良い機会になると思います」と、学生たちから直接多くのコメントが寄せられたことでした。ちょっとした呼びかけが水面の波紋の如く拡がって、ひとりひとりの小さなアクションにつながっていき、そのアクションの意味を見出していくような様相が学生から見て取れました。社会や地域に貢献できる人材像への〝解〟とは、このようにして個々人が見出していくのかもしれません。

最後に看過してはいけないことがあります。それは「こういうことをやりませんか」と立ち上がった人物の存在とその人の勇気、使命感に支えられた行動力です。今回は阿部のり子さんがその人物です。いわゆる〝言い出しっぺ〟がいなければ、何も起こりません。水面の波紋を作るには、一石を投じる人物が存在しなければなりません。阿部のり子さんの信念、使命感そして行動力に敬意を表したいと思います。さらに追記すれば、〝言い出しっぺ〟になれるような教育が今求められているのかもしれないと、教育に関わる私自身にも〝解〟を与えられたことに心から感謝しています。

さらには、地域の活動として取り組んでくれた人もいます。郡山市内の桃見台地区町内会などで活動をする柳田幸子さんです。私がフードパントリーをやろうと立ち上がったことに心が動かされたとのことで、地域の社会福祉協議会の支部長と、町内会連合会の会長に話をして、町内にチラシを配布して寄付を募ってくれました。柳田さんは、周りの方から「巻き込み力」があるとよく言われるそうで、その力を発揮し、あっという間に段ボール二箱ほどの食料品の寄付を集めたと連絡をもらいました。

桃見台地域の公民館で待ち合わせすると、偶然にも町内会連合会会長の坂本さんにもお会いしました。私は、市役所職員として税の徴収や債権回収の仕事をしているけれど、長引くコロナ禍で生活困窮に苦しんでいる人々がおり、福祉部門に繋いでも、制度の要件などで支援が受けられない人がいること、そのために自分でできることをしたいと活動していることを簡単にお話しました。

坂本さんからは、労いの言葉をかけられ、温かな気持ちでその場を後にしたのですが、この出会いが、また、大きな活動を生み出すこととなりました。

坂本さんの地元、桃見台で、地域総ぐるみのフードドライブが立ち上がったのです。その名も「つなごう桃見台プロジェクト」。町内からの寄付で集めた品数は二〇〇〇点で、その多くは地元の社会福祉協議会に寄付されたそうです。その活動は、郡山市が主催する市長と町内会長との懇談会の場でも発表されたそうで、その懇談会に参加していた私の上司である当時の部長が、突然、町内会長の口から私の名前が出てきて驚いたよと教えてくれました。

やってよかった初の食支援と、見えてきた課題

様々な人の協力をいただき、初回から多くの食料品の寄付を集めることができましたので、初のフードパントリーでは、前日に娘と二人で食料品や日用品を種類ごとに分けて箱に入れておき、来場者が、一つの箱から一つずつ選んでいくというスタイルにしました。値段

などを気にして好きなものを選ぶことができないという言葉を聞き、せめてこの日ばかりは好きなものを自由に選んでもらいたいなと思ってのことです。また、寄付で集まった調味料やジュースは重いものもあったので、車なのか自転車なのか徒歩なのか、一人なのか複数なのかなど、その方の事情にあわせて選んでもらうほうが無駄もでないかなとも思いました。

実際、開始してみると、自転車で来た単身者の方は、エコバッグ二つ分を吟味していましたし、一方、車で来た大家族の方は、とにかく量の多いものを選び、バッグ五つ分ほどを持ち帰っていました。また、子ども向けの文房具やおもちゃなども集まったため、子ども専用のコーナーを作って、好きなものを選んでいただくことにしました。さらには、地元のお肉屋さんがコロッケを一〇〇個寄付してくださったため、利用者全員に世帯人数分を配布することもできました。

好きなキャラクターを見つけて喜ぶ子もいれば、かわいい鉛筆が欲しかったと選ぶ子など、みんな目をキラキラと輝かせる姿に、こちらまで笑顔になりました。フードパントリーを訪れたばかりのときは緊張した面持ちだった人も、帰りは大人も子どももみんな笑顔になっていて、やってよかったとつくづく思いました。

実は、開始一時間以上も前から、「リビング新聞」や「福島民報」の記事を見たという人の列ができ、気が付けば当日だけで一八世帯五二名の利用となりました。利用の中心は母子世帯、高齢単身世帯でしたが、中には子どもだけの利用もありました。ネグレクトなのか着ている服も頭髪も汚れており、継続的な支援が必要な人が多いと実感しました。

また、残った食料品については、様々な事情で当日に来ることができないものの支援が必要な人のために提供することとし、開催場所の子ども食堂の利用者や女性支援団体、母子家庭の支援団体にも利用希望を募りました。その結果、最終的には三〇世帯ほどにお届けすることができました。

利用者からは、「自分も子供も値段を気にせずに商品を選ぶことができてとても嬉しかった」、「これでしばらくはお腹一杯食べさせてあげられるので、ほっとした」、「年金がどんどん下げられて月に五～六万ほどしかない、本当に助かった」と喜びと感謝の言葉をいただきました。

こうして、初回のフードパントリーは、大成功となりました。しかし、課題も感じました。

一つ目は、利用者の選択をみていると、インスタントラーメンやレトルト食品、乾麺を選ぶ一方で、カレーやシチューのルーの箱はほとんどの人がいらないと手をつけていなかったのです。子ども連れの若いお母さんに「ルーはいらないの？」と聞くと、「他の食材がないと食べられないから、どうやって使っていいか分からない」というので、「うどんの乾麺をゆでて、カレールーと出汁醤油でカレーうどんにアレンジしたらどう?」と提案すると、「そんな食べ方があるんですね! じゃあ、カレールーもいただいていきます」との返事がかえってきました。

私にとって知っていて当たり前だろうと思う工夫も、人によってはそうではなく、伝えることや食育の大切さも感じました。インスタントやレトルトなど出来合いの食品は手軽で便利ですから私も利用することはありますが、一方で、どんな調味料を組み合わせたらその味になるのか? という知識を覚える必要がないため、頼り切りになってしまうと、いざというときに工夫して調理をする素養が育たないという一面もあるように感じます。

また、当然、ひと手間かかっている分、自分で調理するより割高な商品も少なくありませんから、生活困窮している方こそ、工夫して調理することで、食卓が豊かにできるのではないかとも感じました。ちょっと気の利く人であれば、レトルト食品の内容表示を参考に味を再現できるかもしれませんがそういう人ばかりでもないので、親子向けの食育体験の場を提供できたらいいなと考えましたが、コロナ禍で、調理実習のような場を設けることは難しかったため、まずは、手作りのお料理を食べる機会を作ってみようと考えました。

二つ目は、郡山西部からの利用者が多くいたことです。郡山市は、東側が低く、西側が高い、西高東低の地形となっており、駅前から西部への帰路はひたすら上り坂、それも自転車や徒歩の利用者が多かったため、重い食材を持って帰るのは大変だろうということは容易に想像がつきます。そこで、西部エリアでも開催してみてはどうかと考えました。

そこで、子ども食堂ネットワークに加盟している子ども食堂二か所を訪問し、フードパントリーと手作りカレーを提供する「郡山みんなの食堂」の開催を打診し、二か月おきに開催の予定をたてました。

そして、三つ目は、フードパントリーの連絡をして、取りに来ると言っていた約束を忘れてしまう人の存在です。生活が苦しいから食料品は欲しいのだけれど、取りに来るのを忘れてしまうのです。それぞれ様々な事情や背景はあると思いますが、忘れやすい、約束が守れないといった特性があることで、療育手帳や障害者手帳などは持っていなくても、就業や生活面でも支障をきたしている人が一定数いるのです。

何度か連絡しても忘れてしまう、けれど食べるものに困っていることは分かっているので私が届けることになるのですが、朝から並んで食料品を受けとる人から見れば、利用者差別で不公平だと言われてしまうかもしれず、特別扱いをしてよいのかというジレンマがありました。

けれど、そういう人こそが、申請主義の公的支援には辿りつくことができずに日々の生活に困窮しているのが現実で、生活困窮者に食料品をお渡しするという結果の平等を実現するためには、渡し方に明らかな差はあるけれど、それは不当な差ではなく、公平な対応であると私の考えがまとまりました。

何度か連絡して、それでも忘れてしまう人には、今もなお、私が届けたり、後日、協力いただいている開成山大神宮に取りに来てもらったりしています。


また、初回終了後に大きな変化がありました。

寄付の品々のほとんどは、私が開催前日に有給休暇をとって、娘に協力してもらって集荷しました。乗用車で運べる範囲にも限界があり、会場と何往復もしなければならなかったのですが、その負担に気付いてくれた開成山大神宮の宮本みゆきさんが、「大変でしょう。うちでお預かりをお手伝いしましょうか？」と声をかけてくれたのです。

神社の社務所で預かり、倉庫で保管してくれるというありがたい申し出により、期間を設けて開成山大神宮の社務所で寄付品を預かる「フードドライブ」が実現しました。寄付を預かる方法が変わったことで、宮司さんのお知り合いからの寄付も集まるようになり、また、笹の川酒造の小林敏子さんなどがお知り合いに寄付の呼びかけをしてくれる際も「開成山大神宮の社務所に届ける」という分かりやすさで寄付者を増やすことができました。

トラブルも経験

二回目の開催は、市内西部にある子ども食堂をやっている地域サロンで開催しました。当初は、軒下でフードパントリーをやって、屋内でカレーを食べてもらうという予定で打ち合わせをしていましたが、前日の荷物搬入の際、代表の方から、当日は屋内で英語教室の予定を立てたので、やはり、すべて屋外でやってほしいと言われました。よりによって、天気予報は大雨！　前日にいきなり言うなんて！　と心穏やかではいられませんでしたが、相手方が予定を立ててしまった以上、何を言っても始まらないと、気持ちを切り替えて打ち合わせをすると、サロンの方でテントや外用のテーブルを準備してくれることになりました。

幸いにも天気予報は外れ、当日は、テントと軒下でしのぐことができる程度の小雨で、午後にはその小雨も止んでくれました。相手方にとっては自分のサロンで何をやるかは自由だと考えるのも無理はないのですが、こちらとしては、せめて決まった段階で早めに知らせてほしかったなと思いましたし、お互いの価値観などを知らない状態でコラボレーションすることの難しさを知りました。フードパントリーの会場としての連携は、この一度限りとしましたが、その後も「ダイバーシティこおりやま」に寄付していただいたお米や野菜などをサ

「郡山みんなの食堂」で提供したカレーライス。キーマカレーを作って容器に。デザートにオレンジもつけた。75食提供

ロン利用者で生活がお困りの方々に提供するなどしています。

また、二回目のフードパントリーでは、利用者とのトラブルも発生してしまいました。

初回は名前と電話番号のみを聞き取りましたが、二回目からは住所も自己申告してもらうことにしたのですが、一緒に住んでいるお二人が別世帯のふりをして、二世帯分を受け取ろうとしていたのです。それぞれ事情はあるのかもしれませんが、初回に比べて寄付品が少なかった二回目で、そのような受け取り方を認めることはできませんでした。

さらに、初回同様に箱から一つずつ選んでいくスタイルにしたのですが、私たちに見えないように、一つの箱からたくさんとってバッグに詰めてしまう人もいました。様子をみていた高校生ボランティアが困って私に報告にきてくれたので、私が近づいて様子をみてみると、二つ目の箱にもかかわらず既にエコバッグがいっぱいに膨らんでいました。そこで、「皆さんに配布できるよう、一つの箱から一つずつ選ぶルールなので、多くとった分は戻してくださいね」と声をかけてみましたが、応じてはくれませんでした。

夫が駆け寄ってきて「ダメなものはダメだよ。」と一声かけると、その人の態度が急に変わり多くとった食品を返却してくれたのですが、女性の私の指示には従わない人であっても男性をみるだけで態度が変わるのだと、意外なところで男尊女卑を体験してしまいました。

また、地域サロンの代表者に、騒ぎを起こした利用者をなぜか「ダイバーシティこおりやま」のボランティアスタッフだと誤解されてしまい、すぐに誤解は解けたものの、こうした活動をする以上、いろんな人が利用するため、トラブル時に一緒に対応してもらう男性の存在と、スタッフと利用者の明らかな区別が必要不可欠だと痛感した出来事でした。

あとになって、トラブルを起こしてしまう人には、何らかの特性や事情があって人間関係に不安を抱えていたのかもしれないと思うに至り、その生き辛さを思うと胸が痛みました。ルールを破ることは認められませんが、なぜ、そうしてしまうのかもっと踏み込んでお聞きすればよかったと後悔しました。なんらかの事情を抱えていてルールを守れず他者とうまくつながることができないという人は、経済面だけでなく、関係性の貧困の当事者でもあります。公的扶助を受けているとすれば完全な孤立という心配はないかもしれませんが、もう少し私にできることがあったかもしれないという思いが残っています。

また、課題だと感じたのは、生活保護受給者や失業保険受給者など公的扶助を受けている人の取り扱いでした。生活に必要なお金は公的機関から受け取っているのですから、特別に酌むべき事情がない限りは、利用範囲を限定したほうがいいのではないかと活動に協力している方からの意見もあり、さらに個別の事情を伺っていく必要性も感じました。

信頼して相談できる機関の必要性

トラブル続きの二回目でしたが、良い面もありました。外での開催だからこそ、子どもたちは、雨上がりに外でのびのびと遊ぶことができましたし、外から見える活動に、温かいお声掛けや差し入れなどもありました。また、私たちボランティア全員が、地域サロン利用者の子どもから四葉のクローバーのしおりもプレゼントしてもらい、みんなでホッコリしました。そして、続けていくうえでの課題が明らかになったのも大きな収穫であったと思います。

また、詳しくは書くことができませんが、フードパントリーの利用をきっかけに、様々な制度や相談につなぐことができた例もたくさんあります。

活動中、私が「あれほど困っているのに、市役所に頼ろうと思ってもらえないのは、市役所の職員として、悲しいなぁ」とつぶやくと、すぐ近くでお子さんを遊ばせていた利用者の女性が、「市役所にもそんな風に思ってくれる人がいるんですね。」とご自分の話を始めました。

ひとりで子どもを育てていくために、市役所に相談に行ったけれど、あちこちの課にたらいまわしにされた挙句に何の支援も受けられなかったこと、離婚しようと弁護士に相談しているがなかなか進まないことなどをお聞きし、その場で提供できる情報は伝えたうえで、改めて時間があるときに相談を受けることにした人もいました。後日、実際にお会いして、具体的な話をすることができ、解決の糸口を見出すことができました。

なんらかの事情で最初に市役所の窓口を訪れた際に「力になってもらえない」という印象を受けてしまうと、その後、「どうせ相談しても意味がない」と遠ざかってしまい、必要とする福祉制度にも繋がれなくなってしまいます。ここでも、市役所から地域に飛び出したからこその気付きと出会いがありました。

フードドライブの継続に向けて

二回目を終了し、寄付してくれた皆さんに開催報告と御礼のご連絡を済ませると、福島中央テレビ株式会社事業局長の藤田美香さんから、「愛は地球を救う！」で子ども食堂などの活動を支援しているので、何か必要な備品などはないかと声をかけてもらいました。

そこで、利用者とスタッフを見分けるためのユニフォームと毎回会場が変わるので、のぼりや看板があると助かると相談してみると、福島中央テレビとして本社に推薦するので、助成申請をしてみてはどうかと言われました。見積りは、顔の広い小林恵さんに頼んで地元の有限会社安積工芸にお願いして、大急ぎで申請書類を作成しました。そして、無事に採択が決まって、安積工芸に「ダイバーシティこおりやま」のロゴマークをつかってデザインしてもらい、三回目までにのぼりやお揃いのビブス（洋服の上に着るベスト）が完成しました。

三回目は、それまでの反省を活かして、様々な見直しをしました。まずは、本人確認。あらかじめ身分証明書の持参を呼びかけ、提示してもらいました。これは、二回目のようなルールを守らない利用を防ぐだけでなく、万が一、ボランティアスタッフなどでコロナ陽性者が出た場合に会場名を公表することなく、連絡が取れるようにするためのものでした。会場の提供者からは、利用しにくくなってしまうと言われましたが、同様の説明をしました。

そして、生活状況の細やかな聞き取りによる利用範囲の決定です。公的扶助を受けている世帯は、食料品配布の範囲を限定し、その分、特に生活が厳しいと認められる一人親世帯に手厚く配布することにしました。

本人確認ができない人については、食料品の配布を最小限に限定しました。三回目になると、完全にリピーターの利用者も増え、早く来れば良いものが選べるとわかったのか、一時間以上前にスーツケースを持参して来場した人もいました。また、三回目は開催前に地元の福島大学に出講した際にボランティアの呼びかけをしたため、たくさんのボランティアが集まってくれました。

身分証の確認をしたことで自己申告していた住所やお名前と異なる人がいたことも分かりました。自分のことを知られたくないという気持ちも理解できますが、配布する食料品は多い場合は二~三週間分にもなる量で、それを皆さんからの善意でお届けする以上、ご本人の最低限の情報に嘘がないことは大切なことですし、福祉部門や支援団体をご案内するなど継続的な支援につなげるためにも必要であると思います。

むしろ、住所や名前を知らせるくらいなら食料品はもらわなくてよいと思えるのであれ

2021年7月開催の第3回フードパントリー

学生ボランティアの皆さんとテントの前で

ば、そうした人の利用範囲は限定しても、その人の生活には大きな影響がないのだろうと判断できるとも考えています。実際、身分証明書を忘れたので提示できないと言った人にフードパントリーの利用範囲を説明すると、身分証明書が見つかったと見せてくれた人もいました。利用者の本人確認については賛否両論あると思いますが、寄付された品々は有限ですから、ご本人確認は、より必要な人に届けるための手段になっています。

その後も二か月に一度のペースで市内の子ども食堂を会場にフードパントリーを三回実施してきましたが、緊急事態が起きました。私自身が、二〇二一年九月に自宅の階段で足を滑らせ、足首と踵の二か所を骨折し、靭帯断裂の大怪我をしてしまったのです。フードパントリーの開催は、その年の一一月開催までをすでに公表していましたし、次回を待っている人が大勢いました。しかし、良くも悪くも私の頑張りでやってきたフードパントリーは、食料品の運搬すらできなくなり、開催の見通しすら立てることが難しくなっていました。

フードパントリーに並ぶ利用者

生活状況の聞き取りの様子

私は、前述した通り人を頼るのが苦手なところがあり、仕事でもプライベートの活動でも「自分ができることは、すべて自分でやればいい」と思ってやってきましたが、今回ばかりはそうはいきません。私は、車

2021年11月　骨折後に開成山大神宮で開催した第4回フードパントリー

椅子での生活となり、それまで利用してきた子ども食堂は、どこも入ることすらできない状態になってしまったのです。

そこで、hanaの会の皆さんに率直にLINEのグループで相談をしてみました。すると、救世主が現れたのです。それは、またもや開成山大神宮の宮本みゆきさんです。私の相談コメントを読んで、宮司さんと相談してくれて、開成山大神宮敷地内で社務所近くにある休憩所でフードパントリーを開催するというご提案をしてくれたのです。フードドライブと同じ会場となれば、荷物の運搬が不要になり、さらに、その休憩所には車椅子用のトイレもありました。このうえない環境が整い、車椅子でのフードパントリーが実施できました。宮司さんからも温かい声掛けをいただき、第四回の寒い季節の開催を暖かい屋内ですることができました。

子どもたちが希望を持てるように

開成山大神宮　事務長　宮本みゆき

私が、フードパントリーという活動を知ったのは、私が参加しているこおりやま女性ネットワーク＊hana の会のグループラインに、阿部のり子さんが寄付の呼びかけをしたことです。ちょうど私自身が常日頃から食品ロスの削減や余剰品の利活用ができる方法はないものかと気になっておりましたので、神社にあった飲料やブランケットなどを阿部のり子さんの活動に寄付しようと、嬉しい想いで手をあげさせて頂きました。また、常日頃から、皆さんのお役に立てることがしたいと考えておりましたので、この寄付で、少しでもお力になれるなら光栄だなと思いましたが、特にその趣旨もわからず、様々なロス削減にもなり、それを喜ぶ方がいるのであればという簡単な動機からでした。

寄付品集荷の際に阿部のり子さんから活動を始めようと思った背景など詳しくお聞きすることで、この活動の意義・内容を理解しました。一方で、阿部のり子さんは、地方公務員として働いていらっしゃって、寄付を集めにいらした日も、ご自分の有給休暇を取得して、市内各地の寄付者をまわっていると知り、私にももっとお手伝いをできることはないだろうかと考えました。そして、神社は駐車場も広く年中無休でもありますので、皆さんから寄付品を預かる場としては最適です。

そこで、夫である宮司に、開成山大神宮をフードドライブの会場として、皆さんから寄付品を預かることにしてはどうだろうと提案しました。宮司は、hanaの会のサポーターでもあり、会員が協力している福祉的な活動でありましたので、場所の提供を許可してくれました。

そして、受付期間を定めて、社務所で寄付品をお預かりするという活動を始めることとなりました。実際、神社にいらした方に声をかけてみると、ご自宅にある品の提供をしたいという方が沢山いらっしゃることに感動しました。自分も含めて、生活が苦しい方との接点がないことや関与の仕方がわからないだけなのかもしれません。

　宮司も、寄付品を提供してくださる方々と関わる機会があり、また、活動されてのご苦労などを見聞きし、更に協力しましょうということになって、お預かりした寄付品の仕分け作業や、フードパントリー会場の子ども食堂に搬入するお手伝いもするようになりました。

　二〇二一年九月に阿部のり子さんが、足を骨折され、車椅子での活動を余儀なくされ、荷物の搬入ができないとのご相談を受けまして、宮司と相談のうえ、神社の休憩所でフードパントリーを開催してはどうかとご提案しました。

　それまでは、寄付品のお預かりだけでしたが、開始前から、無料配布に列ができているのを見て、今後も足りない物を提供することはもちろん、これからの子供たちが将来に希望をもてるような環境作りが必要だと思います。具体的には案が浮かびませんが、以前のり子さんがおっしゃっていたお金の使い方や食材の調理の仕方など教育的・政治的な側面からの支援などがあったらいいのではないかと思います。

五回目のフードパントリーは桃見台プロジェクトのメンバーもボランティアスタッフとして参加してくれました。そして、この五回のフードパントリーと四回のフードドライブの活動について、二〇二二年二月に郡山市主催の「第三回こおりやまSDGsアワード」を受賞しました。開成山大神宮の皆さんのご協力あっての活動ですから、開成山大神宮とダイバーシティこおりやまの連名で、グロウイングクラウドの三部香奈さんが郡山市に推薦をしてくださいました。「桃見台プロジェクト」も同じ年に受賞し、授賞式で町内会長の坂本さんと再会することもできました。前年の第二回では、「愛は地球を救う!」を案内してくれた株式会社福島中央テレビさんも受賞しています。

受賞セレモニーには、宮本宮司にご登壇いただきました。宮本宮司は、用意したレインボーカラーのマスクを着用して、郡山市長から表彰状を受け取り、表彰式の場でも、ダイバーシティの象徴であるレインボーカラーが多くの方の目に留まったのではないかと思います。

この賞を受賞したことで、郡山市が主催するイベントにおいて、私たちの活動をまとめたパネルが市内各所で展示されることになり、この活動を知っていただく機会が増えることとなります。そして、より多くの方々に知っていただくことで、寄付の裾野を広げていただくことができるかもしれません。また、「福島リビング」や「桃見台プロジェクト」のような横展開が生まれるかもしれません。そうして、草の根活動のフードパントリーが必要とされる間は、開催をしていく原動力となってくれるのではないかと期待しています。

コロナ禍は、経済活動の停滞で収入が減少、あるいは、仕事そのものを失った人が出るだけでなく、様々な行動制限で息苦しい日々を強いられるなど、私たちにとって大変なことが多かったわけですが、そんな中にあっても、幸いなことに私は、自分が暮らす街で、知らない誰かのために寄付をしてくれる多くの人々の存在を知ることができ、とても幸せだなと思います。

ただ、本来は、こうした活動が必要な日本の現状は改められなければなりません。現行の福祉等の制度については、その前提に世帯主の父が働き、女性が家庭内でケアワークにあたるといった古い家族観があって、非婚化、少子化が進む今の家族のかたちには適応できていないからです。

どのような生き方を選択しても、衣食住が保障され、安全・安心な暮らしを営むことができる国であることを日本国憲法は国民である私たち一人ひとりに約束しています。そう考えてみると、生きる権利を守る活動の一部を民間団体が担っているのは、望ましい姿ではないともいえるのではないかと思うのです。

＊　　＊　　＊

こうして振り返ってみると、二〇一六年一二月に「ダイバーシティこおりやま」の立ち上げを決意してから、七年以上が過ぎました。その間に、時代とともに活動は様々な形に変化しています。六年目には、郡山市からの表彰をいただくまでになりましたが、私の願いはただ一つ。この活動が、「ダイバーシティこおりやま」という団体が必要なくなる社会となることです。

そのためには、私たちの生きる社会全体が、誰かの問題を他人事として済ませるのではなく、自分事として考えていく必要があります。知らない誰かの問題を見て見ぬふりをすることは、未来の自分や自分の家族や友人の問題を見て見ぬふりするのと同じではないかと思うのです。また、人々が幸福を感じるための要素には、可処分所得、可処分時間、健康寿命のほかに社会の格差が小さいことも含まれるそうです。そう考えてみると誰もが「自分らしく」生きることができる街は、私たち自身のためにも大切ではないでしょうか。

第7章　チャリティーへの参加——吹き込む新風

消すことのできない「なぜ命を……」の問い

初めて行政向け月刊誌『月刊ガバナンス』への寄稿依頼があった際、私自身の公務員生活を振り返って思い出したことがあります。それは、まだ私が、新規採用職員になって間もない頃、郡山市内で高齢の親子が餓死してしまったという痛ましい事件です。亡くなったお母さんが八〇歳代、娘さんが五〇歳代ぐらいだったのではないかと記憶しています。そのお二人がご遺体で発見されるまで、経済的に困っているとは、周囲の人が誰も知らなかったそうです。でも餓死してしまうほど生活が苦しいのに税金の滞納もなかったそうで、部屋にはお菓子の袋が一個だけあって、そのお菓子で飢えをしのいで最期の日を迎えたのではないかと報道されていました。

平成の世に餓死という痛ましい事件が市内で発生したということが、経済的な苦労もなく育った私にとって、とても衝撃的でした。そして、この痛ましい事件は、「本当に困っている方は、なかなか「困っている」とは言い出せないのかもしれない」と思った原体験であったと思います。この事件を思い出すと、今でも涙が堪えきれなくなってしまうのですが、市役所の職員というのは、本当はそういう人の力になってあげなくてはいけない仕事なのだと痛感した事件でした。今、振り返ってみてもなお、なぜ、その親子は命を落とさなければならなかったのだろうと悔しい思いを消すことができません。しかし、フードパントリーを開催したことで、ほんの少しですが、悔しい思いにリベンジすることができたように思っています。

生活困窮も人権尊重も、本来は、行政が一手にその役割を担う分野ではないかと私は考えています。しかし、戦後作られた多くの制度は、硬直化している面があったり、今の時代に合わない面があり、本当に困っているのに、支援制度の網から零れ落ちてしまう人々がいるというのも紛れもない事実です。そうしたことを目の当たりにして、いてもたってもいられず、このように活動をしてきましたが、やはり、行政に携わる者として歯がゆさも感じています。実際、東京都世田谷区や兵庫県明石市、滋賀県野洲市では、現状、郡山市では受けられない様々な支援制度があります。区議会議員や市長自らが、小さな声や声にならない声を拾い上げることで、そうした充実した制度ができているようです。

地方自治は、地域の特性に応じた施策を行うことができますから、地域差が出るのは当然のことです。せっかくであれば、自分の街が、充実した制度を提供できる体制となるよう、ただ救世主を待ち望むのではなく、私たちが市民活動を通して、行政が気付かない小さな声を届けることで、市民と行政の架け橋のような存在になり、施策に反映されるようになればよいのではないかと考えています。

ちなみに郡山市でも少しずつ進んでいることがあります。二〇二三年に、性別にとらわれずに利用できる「みんなのトイレ」ができました。実は、二〇一七年に職員提案し、フロンティア賞をいただいたのですが、なかなか実現に至らずに諦めかけた頃、車椅子用トイレの表示が「みんなのトイレ」に変わったのです。

さらには、二〇二三年九月時点で、郡山市内では、フードドライブやフードパントリー、食事の無料提供をする企業や団体が増えてきており、地元のスーパーにもフードドライブコーナーが作られるほどになっています。こうした機運が、さらに広がっていくことを願っています。

「チャリティパーティ」の対象商品に

さて、もうひとつ、「ダイバーシティこおりやま」に新風が吹き込みました。それは、「ダイバーシティこおりやま」がLUSH JAPAN（化粧品の製造・販売・輸出入の会社）のチャリティパーティの対象団体に選ばれたことです。

二〇二一年の夏頃、LUSH郡山店のスタッフから、団体のウェブサイトのお問い合わせフォームに連絡をいただいたことから始まりました。性の多様性をテーマに二〇二二年春にチャリティパーティを開催したいというものでした。もともとLUSH JAPANの企業理念や商品が好きだったので、事前インタビューを受け、助成申請を提出することにしました。開催を告知するフライヤーは、環境に配慮したバナナペーパーで、多様性尊重を前面に打ち出すためにレインボーカラーにしてもらいました。また、フライヤーを手にした人の中で「性の多様性」に思い悩む人がいるかもしれないと当団体のウェブサイトにもアクセスできるようQRコードもつけてもらいました。

ダイバーシティこおりやまのためのチャリティパーティは、東日本大震災のメモリアルデー三月一一日から一五日までの五日間開催されることとなり、その期間中のチャリティポット二種とチャリティコイン三種の対象商品の売り上げが当団体に寄付されるという仕組みです。この時期は、ホワイトデーの購入需要が増える時期なので、少しでも寄付額が増えればと郡山店の人が考えてくれました。

売上の良い時期を選んでくれたとはいえ、実際の寄付は二万〜三万円程度になるかもしれないこと、チャリティパーティは、スタッフが、販売に際して性の多様性について話題提供するため、啓発活動としての要素が強いと説明を受けました。はじめは、私も店頭にたって、性の多様性について話す機会をもてるとのことでしたが、コロナ感染者数の増加により、店頭はスタッフのみとの方針が示されたため、スタッフに正しい知識をもっていただくよう事前研修として性の多様性とダイバーシティに関する出前講座を行いました。

とても嬉しかったのは、事前打ち合わせの際に、開催期間中の店内にレインボーカラーのコーナーを作ってほしいとリクエストしたところ、郡山店のスタッフの皆さんが、フライヤーを棚一杯に貼り、畳一枚分くらいのレインボーの壁をつくってくれたことです。なかなかのインパクトで、来店者が、「なぜ、レインボーなの?」と注目してもらえる飾りつけができ、レインボーカラーとLGBTQ+と結びつけて、性の多様性について考えるきっかけにもなったのではないかと思います。

また、Facebookやtwitter（現X）、また「こおりやまプライド」の番組でも、チャリティパーティの開催を告知し、さらには、友人知人や職場の同僚などにフライヤーを配布し、協力を呼びかけました。

また、自費でレインボーカラーのラバーバンド一〇〇個とダイバーシティこおりやまのロゴマークのシールを用意して、対象商品一〇〇〇円以上購入した人にプレゼントすることにしました。本来は、そうしたものは必要ないのですが、購入時にスタッフの説明を契機に性の多様性に関心を寄せてくれた思いを持ち続けてほしい、そんな思いで多様性尊重のアイテムを用意しました。

郡山店のスタッフから、無料で配りたいと話がありましたが、無料で配布するとプレゼントを大切にしてもらえないので一〇〇〇円以上購入を条件のままとしました。配ることが目的ではなく、ラバーバンドを身に着ける、あるいは、飾るなどして、多様性尊重の意思表示をしてほしいので、ここは譲ることができないなと考えたところです。ただし、学生などで一〇〇〇円以上の購入はできないけれど欲しいという人には、ダイバーシティこおりやまのウェブサイトに申し込んでもらって郵送することにしました。

開催当日は、hana の会のメンバーも店を訪れ、購入したよとLINEで報告してくれる人がいたり、ダイバーシティこおりやまのメンバーやイベント参加者が購入した商品をダイバーシティこおりやまや多様性尊重のハッシュタグをつけて Instagram や Facebook で紹介してくれたりと、皆さんがチャリティパーティを盛り上げてくれました。

中には意外な人がチャリティパーティに参加してくれて、私自身が市民活動を通して、誰かに支えてもらっていることを実感することができ、この街が好きだなと思うようになりました。そして、レインボーの輪が街に広がることによって、この街のどこかで、打ち明けられない悩みや孤独を抱えている人にも同じような思いが届いたらいいなと思いを新たにしました。もちろん、私も家族でお店に出向き、チャリティ商品を購入し、お礼の品にしています。

ラッシュチャリティパーティで販売されたチャリティポット＆コイン、ダイバーシティこおりやまが提供したお礼のレインボーグッズ

その結果、寄付金額のトータルは、五万三五〇二円となりました。内訳は、チャリティポットコイン一八二個二万六三九〇円、チャリティポット（四五グラム）三〇個二万二三五〇円、チャリティポット（二四〇グラム）一個二五二七円と、二一三個のチャリティグッズが購入されていました。

最近よく聞くようになった「エシカル消費」という言葉がありますが、まさにLUSHのチャリティ商品は、製造に際して動物実験を行わないエシカル（倫理的）なもので、さらに、その購入、消費活動が、ダイバーシティこおりやまのような草の根で市民活動をしている団体に寄付されるということで、そうした注目度もあったのではないかと思います。

小さな活動が化学反応しながら

こうして、チャリティパーティは、売上だけではない様々な効果を生み出しながら、無事に終えることができました。皆さんからの寄付金は、多様性を考えるイベント、それも駅前を利用される方に見ていただけるような使い道にしたいと考え、何か良い方法はないかと、当団体が主催している「にじいろサロン」で参加者の皆さんに聞いてみました。性の多様性については、当事者でない人にも、いかに関心を寄せてもらい、正しく知ってもらうかが大切だと考えているので、少ない予算で、そうした仕掛けができればいいと思ってのことです。

すると、参加していた山根悟市議会議員が、青年会議所でコラボできないか相談してみると言ってくれました。そして、山根さんから、毎年、一二月頃から郡山駅前を一〇〇万球の電飾で飾りつける「ビッグツリーページェント」に参画を打診してはどうだろうとの助言を受け、実行委員会の事務局を務める郡山商工会議所にレインボーカラーのコーナーを作りたいと相談をしました。商工会議所の方からは、当初、市と協議してみないとなんともいえないし、電球のデザインは別の会社がやっているので……といった反応だったのですが、三年ぶりに開催された夏のビール祭りやその準備の話など様々な話をしているうちに少し打ち解けることができ、話を終える頃には、何か考えてみましょうと言っていただくことができました。人は、対話を通して理解し合うことができるとは、こういうことなのではないかと思います。

また、この時、同行してくれた山根さんが、商工会議所の方から出た「市に相談してみないと」という言葉に反応して、市側の担当部門にも話を通してくれました。担当部長の方が顔見知りの方だったので、ご挨拶にいこうと思い立った時にたまたまお会いする機会があり、その部長が、良い方向に話を後押ししてくださったようで、その結果、市民参加をテーマにしている企業が社会貢献活動として取り組んでいるＬＥＤのランタンのコーナーに参加させていただくこととなりました。

早速、担当の方との打ち合わせに伺ったところ、ダイバーシティこおりやまの活動についても関心を寄せてもらい、ランタンカバーのほかに、子ども食堂やフードパントリー用にお子さん向けのお菓子の寄付を受け取りました。その後、担当の方は、性の多様性についても学びたいと、後日、私が講師を務める会津若松市主催の研修会を受講してくれました。ひとつひとつは、どれをとっても小さな活動ですが、少しずつ化学反応をしながら、多様性尊重の広がりを実感することができています。

ランタンは、ダイバーシティこおりやまのメンバーだけでなく、郡山市内で障害のある子どもの放課後の居場所づくりなど支援活動をしている「NPO法人ふよう土2100」や「まちなか広場Perch」とコラボして、利用者の皆さんに、自由に絵やメッセージを描いてもらうことにしました。ひとりひとりが、この街に住む一員として、当たり前のことですが、平等に参画する、それを体現する機会になればと思います。

また、ビッグツリーページェントにあわせて、レインボーフラッグを掲げたいと関係者の皆さんに相談していたのですが、なかなか思うような協力を得られずにいました。しかし、日本たばこ産業株式会社郡山支店の方の協力で、ランタンと並んで掲示してもらうことができることになりました。郡山駅東口の交差点に面した駐車場のとても目立つフェンスに掲示されたレインボーフラッグは、多くの人の目に触れ、誰かの勇気に繋がったかもしれません。

こうして、市外からの観光客も集める郡山市内の一大イベント「ビッグツリーページェント」のほんの一部ではありますが、まさに「みんな違って当たり前、みんな違ってみんないいい」の象徴のランタンとレインボーフラッグが並んで設置され、多様性について考えていただくきっかけになったのは、ダイバーシティこおりやまのメンバーにとっても喜ばしいニュースとなっています。

さらに、嬉しいサプライズがありました。開成山大神宮の方が国際ソロプチミスト郡山にダイバーシティこおりやまの活動を知らせてくださったことで、公益財団法人ソロプチミスト日本財団の令和五年度社会ボランティア賞にご推薦をいただく機会をいただきました。全国表彰では入賞には至りませんでしたが、二〇二三年一一月、国際ソロプチミスト郡山クラブ賞として、活動のための支援金もいただきました。

よく「頑張っている人のことは、誰かが見てくれているものだよ」といいますが、本当にその通りで、知らないところで、この活動を応援してくれる人が増えていくものなんだなと心強く思いました。

さらには、この活動を評価してくださった国際ソロプチミスト郡山の会長の平川真理子さんから、国際女性デー（三月八日）に開催する「こおりやま女性パワー100フォーラム」のパネリストへの登壇依頼もいただきました。このフォーラムは、高い倫理基準を持ち、女性の地位向上、万人の人権を守り、世界の平和を願う国際ソロプチミストの活動指針を高らかに掲げ、郡山の活躍する女性が一堂に集い、相互の絆と交流を深める機会とするため、郡山市政一〇〇周年にあわせて、市民の力で初めて企画されたものです。郡山で活躍する女性一〇〇人の選出というこれまでにない規模の企画は、郡山の女性がさらにパワーアップする一大イベントになりそうです。このイベントに力を入れて取り組むのが、声をかけてくださった平川真理子さんで、フードパントリーなどの活動を評価して、私に白羽の矢を当ててくださったとのことでした。

初めてお会いした平川さんは、ひと回りほど年上なのですが、お洒落で優しくてチャーミングなお人柄で、一時間ほどの打ち合わせで、私はすっかりファンになってしまいました。素敵な年齢の重ねかたをしている女性との出会いは、人生の後半に突入した私にとっては、この後の人生も素敵なものだよと教えてくれる希望の光です。ちなみに、初のフォーラムには一〇〇名をはるかに超える女性の応募があったとのことで、やはり郡山という街にはパワーのある女性がたくさんいらっしゃるようで今からその出会いが楽しみです。そして、ダイバーシティこおりやまで講演していただいた永遠瑠マリールイズさんとパネルトークで再会することになり、とても楽しみにしています。

私がしていることは小さなことばかりですが、その小さな一歩が素敵な出会いをどんどん運んできてくれる、そんな奇跡が、市民活動にはあるのではないかと思います。

おわりに――誰もが生きやすい社会へ

様々な活動がうまくいくと、「出る杭は打たれる」の言葉のとおり、良いことだけではないのが世の常です。大きな組織で働くうえで、私のように本業外で活動することは決してプラスに働くことばかりではないのもまた現実なのです。特に市役所のような同質性の高い組織内では、私は、想定外の異分子といっていいでしょう。まさに少数派です。

大きな組織であっても多様性に富んだ職場は違うかもしれませんが、私の場合は、上司から「ダイバーシティという言葉は嫌い」と暗に活動を否定されたり、業務中に団体活動をしているのではと疑われたこともありました。自分を基準に考えてしまうと、団体の活動や執筆活動、講演活動、ラジオ番組のコメンテーターまでしている私が、すべてを業務時間外にできるとは思えなかったのかもしれません。あるいは、自分が勤務時間中に業務外のことをこっそりしているから、私のことも疑ったのか、真意は分かりませんが、とても嫌な思いをしました。

パワーハラスメントの法制化で、日本全国、組織風土は少しずつ変わりつつあると思いますが、私が経験したことだけではなく、どこの職場にもハラスメントとまではいえないような陰湿な行為に及ぶ人もまだまだ存在しているのではないかと思います。そのような環境では、多様性を認め合うどころか、一定数の人が息苦しさを感じながら働いており、ついには、仕事を辞めるという選択をする人もいるでしょう。次を探せるという点からも優秀な人から辞めていくようにさえ感じます。

また、頑張っている人が報われないという場面に遭遇、あるいは力で押さえつけられるといった経験から、仕事へのモチベーションを失い、「言われたことだけやっていればいい」と業務にあたっている人もたくさんみてきました。心に蓋をすることで仕事を続けるというのも一つの選択ですが、環境にどう対応するかと考えるより、充実感をもって楽しく働くことができれば、もっといいのに、と率直に思います。

少子化で労働人口が減少するなかにあって、自分たちの住む街で元気に楽しく働ける人を減らしてしまうことは、地域にとって、大きな社会的損失でもあります。

さらに最近では、円安の影響もあり、海外に出ていく若者も増えています。また、日本が外国人労働者からも選ばれなくなっているという話題も耳にするようになりました。働き手の流出は労働人口減少に拍車をかけることになり全国的な課題ですが、その中でも、首都圏のように人々に選ばれる街と人が出ていってしまう地方の街とでは、さらに大きな差がついていくでしょう。実際、ダイバーシティこおりやまの活動を通して知り合ったＬＧＢＴＱ＋当事者の方は、地方では生きにくいといって首都圏に転出する人も少なからずいます。例えば、同性カップルにとっては、法律婚ができないからこそ、パートナーシップ制度、ファミリーシップ制度を整えた自治体に住むことが、より自分らしく生きるための選択になるからです。

＊　＊　＊

二〇二三年五月に、いわゆるＬＧＢＴ理解増進法が成立しました。継続審議になっていた差別禁止法では明記されていた「差別禁止」が、成立したＬＧＢＴ理解増進法では「不当な差別はあってはならない」と表現が後退していたことなどから、その審議過程では、当事者団体などの反対運動も繰り広げられました。障がい者差別解消法の制定時に比べると、「nothing about us, without us」の理念も取り入れられているとはいえず、理想的な法律といえるものではないかもしれませんが、日本で初めて「性的指向及びジェンダーアイデンティティの多様性に寛容な社会の実現に資することを目的とする」法律が成立したことは大きな一歩ではないかと思います。

その後、最高裁においては、性同一性障害当事者の性別変更要件やトイレ使用に関して、周囲の理解や配慮ではなく、当事者の人権を重んじる画期的な判決が出されています。いまだ国連人権委員会から様々な勧告を受けている日本ではありますが、世界に遅れはとりながらも、少しずつ社会は変わってきているということを実感できます。

このように、法律や判例などが追い風となり社会の基準が変わっていくことで、誰もが伸びやかに自分らしく働き、生きることができるようになれば、日本は、私たちの街は、どんどん活性化していくことでしょう。

そのためにも、自分たちの街にせっかく生まれてきてくれた命を大切に、私たち一人一人が、お互いの個性や生き方を尊重していくことが肝要ではないかと思うのです。

人によって、価値観は様々です。仕事や市民活動への取り組み方も人それぞれで、仕事が人生の目的になっている人、たくさんの収入を得たいという人もいれば、収入は最低限でもいいから社会の役に立ちたいと市民活動に奔走する人もいます。私の場合は、その間くらいで、収入もほどほど得ながら、昇進するよりプライベートを大切にして、微力ながらも社会のお役にも立ちたいというところです。どの立場にも共通するのは、仕事は、経済的に安心して生活を送るためにお金を稼ぐ手段として必要であるということでしょう。

私自身は、地方公務員として働きながら、市民活動をしていますが、今のところはこのペースでいきたいなと考えています。債権回収一元化の仕事を通して、様々な困難を抱える人の生活の立て直しをお手伝いすることができ、地方公務員としてのやりがいを感じることができましたし、地方では転職は必ずしも有利に働くとはいえず、経済的な安定は、様々な活動をする心の余裕を下支えしてくれるものだからです。

また、大きな組織で働くゆえの苦労もありますが、一方大きな組織だからこそ、休暇などの福利厚生制度が充実しているという利点もあります。ちょっと疲れたなと感じるときには福利厚生制度を利用して、地元の温泉でのんびり過ごしてリフレッシュできますし、骨折したときのように何らかの事情で仕事ができなくなってしまったときには、療養休暇を取得して治療に専念することもできるからです。

やはり、誰かのために市民活動を継続するというのは、簡単なことばかりではありません。時には、体調を崩したり、モチベーションが下がってしまったりなど、大小の壁にあたってしまうことがありますから、今後も、必要に応じて、そうした制度を適切に利用して心身のメンテナンスをしながら、自分なりのペースで続けるのが私にとって一番良いと考えています。私たちは誰もが自分を大切にする権利があり、自分を大切にするからこそ他者を大切にするパワーも持てると思うからです。

近年では、有難いことに、私の活動を知り、先方から協力の申し出があったり、講演依頼をいただくことも増えています。先日も講演の際に、素敵な出会いがありました。新たな繋がりから、新規の企画の話が立ち上がっていて、ワクワクしています。こうした温かな繋がりは、私にとって大きな財産です。そして、これは、一歩を踏み出した人だけが得られるご縁ではないかと思うのです。

＊　＊　＊

本書を執筆するにあたって、自分の活動がいかに多くの方に支えられているかを再認識し、こうしたご縁の有難さを改めて実感することができました。

国連の開発目標であるＳＤＧｓには、「誰一人取り残さない」として、多様性尊重や人権尊重が掲げられています。そして、今は国をあげて、ＳＤＧｓの取り組みを推奨し、私が働く郡山市もＳＤＧｓ認証都市となり積極的に取り組んでいますから、多様性を尊重し誰一人取り残さない、つまり一人一人が尊重され、誰のことも差別せず排除しないといった意識は少しずつ浸透していくことでしょう。そしていつの日か、みんなが幸せに生きることができる組織や社会となり、「多様性や人権の尊重」を訴える必要がなくなる日がくるのではないかと期待しています。

それまでの間は、無理のない範囲で活動をしながら、その波及効果が自分たちの知らないところにどんどん広がっていき、社会が誰にでも生きやすいものに変わっていくことを願いながら、その一助となっていきたいと思います。

そして、長引くコロナ禍もようやく一区切りとなり、社会が動きはじめ、様々な場面で活動できる機会も場も増えてきましたので、ずっと構想を温めてきた食育の企画をそろそろ実現できたらいいなと考えています。

食育といっても、お出汁の取り方とか本格的な調理を学ぶというよりは、包丁を使わないとか電子レンジだけでできるとか料理が苦手な人でも手軽に日々の食事に活かせるメニューを考えたら、インスタントやレトルトに頼りがちな方にも試してもらえるんじゃないかしら？　多様性について考えてもらう講演会もできたらいいな、と想像を膨らませてワクワクしています。実現のために、どんなところに協力を求めていこうかなどと考える時間は、私にとって、仕事のストレスから解放される楽しい時間となっています。

＊　＊　＊

欧米の諺で「すべての卵を一つのかごに入れるな」というものがあります。持っている卵をすべて一つのかごにいれてしまうと、そのかごを落としてしまったときに卵は全滅してしまいますが、あらかじめ三つのかごにいれておくと、卵を全て失ってしまうことはありません。これを翻って人生に置き換えると、仕事のかご、つまり、仕事一辺倒の人生は、キャリア挫折や失業で、人生のすべてを失ってしまったように感じてしまいます。けれど、例えば、二つ目に家庭のかご、家庭を大切にすると、家族との豊かな時間が増えますし、三つ目に趣味や市民活動のかごを持てば、他者とのつながりや自己効力感を様々な場面で高めることができます。このように、人生のリスクヘッジとして考えると、自分の居場所を三つ持っておくことで、一つを失ってしまっても、残り二つあるという安心感は、私たちにとって様々な負の圧力を跳ね返す大きな力になるのではないかと感じています。

最近では、ダイバーシティ（多様性）という言葉はあちこちで目や耳にするようになり、その認知度も上がってきています。実際に私たちは、ひとり一人多様な個性をもっています。

そして、日本国憲法は、幸福追求権を保障しており、私たちは、ひとり一人みんな違って、みんないい、幸せになる権利をもった唯一無二の存在です。だからこそ、障害があってもなくても、凸凹している一面は誰にでもあるのですから、そうした違いをいちいち否定するより、認め合い、補い合って生きるほうが幸せではないかと思うのです。

そのためにも違いを正しく知ることはとても大切で、自己理解があってこそ他者を理解することもできると私は考えています。

ですから私は、自分を客観的に理解し、他者との違いを把握するために、特性やＩＱを計測する検査、自分の強みを知るテストなどを受けています。それらは、目には見えないものですから、テストなどで把握しない限り、他者との違いを知ることができないからです。

身長一八〇センチの人が、身長一五〇センチの人とハイタッチをしようとするときには、身長の高い人は自然と自分の手を下げ、身長の低い人は手を精一杯上げて、互いの位置を相手に合わせると思います。この身長差にもかかわらず、お互いが相手の身長を把握せずに手を上げれば、決してハイタッチはできないからです。

けれど、見えない資質の場合は、その違いを知らないまま、きっとこうだろう、普通はこうだと自分の基準を相手に求めてしまうことが多々あるものです。それは時に、無理強いや価値観の押し付けになってしまい、多様性の否定でもあります。社会は私たちが思うよりも思い込みにあふれていることに気づかなければなりません。

人は誰しも自分を基準に考えてしまう傾向はあるもので、客観視することは難しいのですが、外見が人それぞれ違うように、「自分の普通と誰かの普通は同じではない」、そんな前提を常に持つことが大切ではないでしょうか。

＊　＊　＊

価値観やライフスタイルは人それぞれです。障害や疾病、国籍、性別、性自認や性的指向、性格や考え方の違いが、すべてキラキラした個性のひとつとして受容される、そんな社会になったらいいなと、微力ながらも活動を継続していきたいと思います。微力は、無力じゃないのですから。

そして、この本を読んでくださった方が、「これくらいの活動ならできるかも？」とか、「何か自分でもやってみよう！」と自分らしく生きるための新しい一歩を踏み出すきっかけとなったら、とても光栄です。

最後までお読みいただき、ありがとうございました。メッセージを寄せてくれた皆さん、活動に協力してくださる皆さん、支えてくれる家族や友人、そしてこの本を手にとってくださったすべての皆さんに心からの感謝を申し上げます。

皆さんが、今日も明日も毎日をご自分らしく生きることができますように心から願っています。

阿部のり子

阿部のり子（あべ・のりこ）

福島県郡山市職員。新潟大学法学部卒業。地方公務員として働く傍ら、2016年に市民団体「ダイバーシティこおりやま」を立ち上げ、代表を務める。

著書に『今さら聞けない！自治体係長の法知識』学陽書房、2023年。『みんなで始めよう！　公務員の「脱ハラスメント」～加害者にも被害者にもならない、させない職場を目指して』公職研、2022年。

行政職員向け「月刊ガバナンス」（ぎょうせい）に「誰もが自分らしく生きることができる街へ」連載（2019年4月～2023月3月）。「月刊 税」（ぎょうせい）に「徴収カウンセリング室　転ばぬ先の智慧」連載中（2019年7月～）。

マニフェスト大賞優秀コミュニケーション賞受賞（2018年）、第3回こおりやまSDGsアワード受賞（2021年）、国際ソロプチミスト郡山クラブ賞受賞（2023年）、郡山市職員フロンティア賞・4年連続受賞（2018～2021年）。

＊ダイバーシティこおりやま　ウェブサイト
https://diversity-koriyama.jimdofree.com/

実践＊ダイバーシティこおりやまと私
微力は無力じゃない

2024年4月5日　第1刷発行

著　者　阿部のり子

発行者　五十嵐美那子

発行所　生活思想社
〒102-0071 東京都千代田区富士見2-2-2 東京三和ビル203号
電話・FAX　03-6261-7191

組版／アベル社　　印刷・製本／新日本印刷株式会社
落丁・乱丁本はお取り替えいたします。

ISBN 978-4-916112-34-7 C0036 Printed in Japan